KB091709

직장생활
막내 생존 노하우

직장생활
막내생존 노하우

지은이 김희준
펴낸이 박찬규 엮은이 윤가희, 전이주 디자인 북누리 표지디자인 Arowa & Arowana

펴낸곳 위키북스 전화 031-955-3658, 3659 팩스 031-955-3660
주소 경기도 파주시 문발로 115, 311호 (파주출판도시, 세종출판벤처타운)

가격 22,000 페이지 264 책규격 175 x 235mm

초판 발행 2022년 06월 24일
ISBN 979-11-5839-333-5 (13000)

등록번호 제406-2006-000036호 등록일자 2006년 05월 19일
홈페이지 wikibook.co.kr 전자우편 wikibook@wikibook.co.kr

이 책은 일하는 사람들의 콘텐츠 플랫폼 퍼블리(publy.co)에서 발행한
〈막내 생존 노하우〉 시리즈를 기반으로 내용을 보충해 출간했습니다.

직장생활
막내 생존 노하우

물어 보긴 애매하고,
혼자 하긴 미치겠는

김희준 지음

위키북스

처음 출근하던 날이 아직도 기억에 생생히 남아 있어. 긴장된 마음으로 자리에 앉아 컴퓨터를 처음 켜던 때, '드디어 시작이구나!' 하며 마음을 다잡았었지. 생각만큼 쉽지는 않았어. 무엇이든 잘해낼 수 있을 거라 생각했지만 작은 실수를 반복하기도 하고, 때로는 잘못 인쇄된 종이 한 장 때문에 자존감이 떨어지기도 했었거든.

이런 상황이 시간이 지남에 따라 자연스레 나아지기를 바랐지만, 마음먹고 바꾸려 노력하지 않으면 저절로 괜찮아지는 건 없더라고. 그래서 좀 더 적극적으로 행동해보기 시작했어. 내일 당장 업무에 적용해 1cm라도 나아지게 만들 수 있는 게 뭘까? 어떻게 하면 어제보다 오늘이 더 괜찮아질 수 있을까? 명료한 해결책이 바로 떠오르진 않았어. 문제의 원인을 정확히 파악해야 해결할 수 있으니까. 그래서 원인을 찾기 시작했어.

그 시작은 일과를 다이어리에 빠짐없이 기록하는 것에서 출발했어. 사실 당장 할 수 있는 게 기록뿐이기도 했고, 어쨌든 변하고 싶다는 간절한 마음으로 하루하루 무슨 일을 했는지부터 실수를 했다면 그것이 어떤 것이고, 그때 느낀 감정까지 모두 적었어. 처음엔 정말 이것이 도움이 될까 확신은 없었지만 일주일, 한 달 주기로 넘어가며 다이어리를 읽으니 의미 있는 발견을 할 수 있었어. 그건 내가 큰 단위의 업무(예를 들면 기획안 완성)를 훌륭히 소화하지 못해 힘든 게 아니라, 일상의 아주 작고 사소한 부분에서 더 스트레스를 받는다는 것이었지. 이를테면, 모두를 위한 회식 장소를 예약할 때 메뉴부터 식당 선정, 예약하는 일련의 과정에 하루의 반나절을 쓰며 힘들어하거나, 상사에게 무슨 내용을 보고하느냐보다 언제 보고해야 할지 눈치를 보느라 만만치 않은 에너지를 쓰고 있었지. 이처럼 반복적으로 고민하는 내용이 보이더라고.

그래서 그 부분을 나만의 방식으로 돌파할 방법을 찾아보기로 했어. 회식 장소를 더 빠르고 효율적으로 예약할 수 있는 방법을 찾아 파일로 정리하고, 상사의 패턴에 따라 언제, 어떻게 보고하고 소통하는 게 좋을지 나만의 매뉴얼을 만들어 따로 정리해 둔 거지. 이런 과정을 통해 실제로 일상의 변화를 일으킬 수 있었어. 신경 쓰이는 문제점을 해결해 나가니 중요한 업무에 집중할 수 있는 시간도 늘어나고, 성장하고 나아질 수 있다는 자신감도 생겼거든.

이 책에는 이처럼 힘들었던 나의 일상을 변화시켜준 가장 중요한 노하우를 담았어. 특히, 이론적인 내용이 아닌 지금 바로 실생활에 적용할 수 있는 생생한 실무를 담고자 노력했어. 이점이 이 책의 가장 큰 특징이자 강점이라고 생각해. 나와 같은 고민을 하고 있을, 자신의 자리에서 오늘 하루를 부단히 살아가는 회사의 막내, 사회초년생들에게 진심으로 도움이 되길 바라는 마음으로. 자신에 대한 확신을 갖고 그 누구도 아닌 나 자신으로서 '나답게' 살아가길 바라며. 이땅의 모든 막내에게 응원의 메시지를 힘껏 보낼게.

파이팅!

PART

01

아무도 알려주지 않는
막내를 위한 기본 업무

PART

03

내가 원하는 나로서
나답게 일하기

Part
01

아무도 알려주지 않는 막내를 위한 기본 업무

01

실천하지 못하는
To Do List에서 벗어나고
싶다면

활용 가능한 진짜 업무 시간을 확보하는 법

명확한 업무의 순서를 설계하는 법

업무 계획을 효과적으로 도와주는 툴

완벽하게 세웠다고 생각한 하루의 업무 계획이 예상치 못한 일 때문에 무너져 내린 적 있어? 요즘도 쉽진 않지만 막내 때는 할 일 목록을 완벽하게 클리어했던 날이 특히 더 적었던 것 같아. 같은 고민을 하고 있을 막내들을 위해 하루를 어떻게 계획해야 할지, 예측 불가능한 일상 가운데 최대한 흔들리지 않는 플랜을 짤 수 있는 노하우를 준비했어.

업무를 함에 있어 계획이 왜 중요할까? 그건 바로 시간과 관련 있어. '시간이 돈이다'라는 말처럼 회사의 모든 목표는 언제나 '~까지'라는 시간 내에서 존재하니까. 기한에 늦어도 퀄리티를 높이는 게 맞는가 혹은 퀄리티가 좀 떨어지더라도 기한에 맞춰야 하는가 선택해야 한다면 후자를 선택하는 게 맞아. 아무리 좋은 내용도 데드라인에 맞추지 못하면 검토할 가치가 떨어지기 마련이니까.

그런 의미에서 업무 플래닝은 정말 중요한 일이라고 할 수 있지. 여기에서 플래닝은 단순히 A부터 C까지 할 일을 순서대로 나열하는 게 아니라 내가 실질적으로 특정 업무를 하는데 얼마의 시간이 소요되는지, 현실적으로 소화 가능한지, 어떤 시간대에 집중도가 높고 낮은지 등 객관적인 판단하에 유효한 계획이 될 수 있도록 촘촘하게 설계하는 일이야. 뒤에서 설명할 내용 중 모든 방법이 개인에게 유효하지 않을 수도 있지만 같은 고민을 하고 있는 막내라면 하나씩 일상에 적용해보면서 각자의 업무 다이어리를 개선해 보길 바랄게.

TIP　업무 플래닝 예시 - WORK PLAN 노션 템플릿

빠른 이해와 실질적인 도움을 주기 위해 **WORK PLAN 노션 템플릿**을 공유할게. 활용 방법은 뒤에서 단계별로 설명할 테니 참고해서 반영하면 좋을 것 같아.

해당 템플릿은 크게 두 가지로 활용할 수 있어. ①노션을 사용하는 막내라면 다음의 방법에 따라 시트를 복제하여 본인의 필요에 맞게 수정하여 사용하고, ②노션을 사용하지 않는 막내라면 해당 이미지를 참고로 해서 다이어리나 엑셀 등 별도로 정리해서 관리할 수 있어.

- **WORK PLAN 템플릿 공유 링크:** https://bit.ly/3o6lM7P

- **WORK PLAN 템플릿 파일의 작성 예 및 사용 방법**

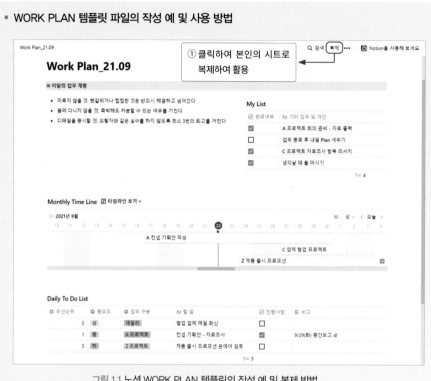

그림 1.1 노션 WORK PLAN 템플릿의 작성 예 및 복제 방법

1. 노션(www.notion.so) 사이트에 접속해 회원가입 및 로그인한다.

2. 위에서 공유한 템플릿 링크를 통해 WORK PLAN 템플릿을 연다.

3. ① 오른쪽의 [복제] 버튼을 클릭한 다음 ② 자신의 노션에 복제된 템플릿을 자유롭게 수정하여 사용한다.

활용 가능한 진짜 업무 시간을 확보하는 법

POINT 실제 업무에 소요되는 시간 확인 → 할 일 목록 작성

일반적으로 계획을 세울 때 데드라인을 고려해서 할 일 목록을 작성하지. 앞에서 계속 강조한 것과 같이 맞는 말이긴 하지만 막내에게는 리스크가 있을 수 있어. 왜냐하면 막내는 하루에 갑작스럽게 생겨나는 잡무가 팀에서 가장 많고, 여러 컨디션상 업무 환경과 시간을 스

스로 통제하기가 어렵기 때문이야. 또한, 어떤 일을 하는 데 어느 정도의 시간이 소요될지 생각하는 것과 실제로 실행하는 데 차이도 큰 편이지. 예를 들어 이틀이면 자료조사를 끝낼 수 있을 거라 생각했지만, 다 못할 수도 있거든. 그러니까 신입일 때는 **업무를 실제로 수행하는 데 소요되는 시간을 파악하고 플랜을 세우는 게 중요해.** 이렇게 하면 해당 업무를 할당된 시간 내에 완료할 가능성이 높고 변수도 줄일 수 있기 때문이지. 매일 세운 계획이 흐트러지는 사람이라면 더더욱 시간이 걸리더라도 나와 환경을 알고 유효한 전략을 찾아가는 일이 필요해.

진짜 일하는 시간 파악하기

POINT 생각의 전환
　　　　　2시간 동안 C 업무 해야지! → C 업무를 하는 데 얼마의 시간이 들지?

막내 때는 특정 일을 하는 데 얼마의 시간이 드는지 정확하게 모르는 경우가 많아. 실제로 생각한 것보다 더 많이 소요될 수도, 생각보다 적게 소요될 수도 있지. 또한 내 옆의 동료 또는 나의 선배들이 같은 업무를 하는 데 드는 시간과 나의 시간은 다르기 마련이야. 이에 대해 조바심을 느끼거나 부족하다고 스스로를 자책할 필요는 전혀 없어. 다른 사람들의 속도에 맞춰 똑같이 따라 하려 하기보다 본인 자신을 객관적으로 파악해서 시간을 설계하는 일이 가장 중요하니까.

- ■ **특정 업무 타임 트래킹 예시**
  1. **업무 내용**: C 프로젝트 자료조사
  2. **시작 시각**: 오전 10시 30분
  3. **종료 시각**: 오후 2시
     ※ 12시~1시 점심시간 및 기타 잡무 시간 제외 **총 집중 소요 시간 1시간 30분**

이런 식으로 업무를 할 때 시작 시각을 체크하고 끝날 때에 맞춰 종료 시각을 적는 거야. 중간에 다른 일 때문에 소요된 시간이 있다면 빠짐없이 함께 기록해서 말이야. 이렇게 하면 실질적으로 집중하며 소요된 시간을 체크해서 다음에 비슷한 업무를 할 때 참고하여 계획을 세우면 도움이 될 수 있어.

변동되는 시간을 컨트롤 할 수 있는 환경 만들기

Step 1. 촘촘하게 계획하기보다 유연하게 일할 수 있는 여유를 둘 것

오늘 하루의 To Do List를 온전히 할 수 있는 날을 꼽자면 그렇게 많지는 않을 거야. 갑자기 다른 걸 조사해야 한다거나 많은 양의 회의 문서 출력과 준비를 해야 한다거나 미친 듯이 쏟아지는 내부 전화를 처리해야 한다거나 하는 다양한 이유로 말이야. 이렇게 시간을 써버리고 나면 이후에는 쫓기듯 급한 마음으로 일하게 될 가능성이 커. 계획한 대로 흘러가지 않는 것에 스케줄링 자체를 포기하거나 짜증과 같은 부정적인 감정이 생겨 실제 업무에 영향을 미칠 수도 있거든. 그렇기 때문에 계획을 세울 때 주요 업무 사이에 현실적인 여건을 고려한 유동적 시간을 부여하는 게 필요해.

시간	업무
10:00 - 11:30 am	C 초안 작성
⇨ 12시 점심시간 전까지 30분의 시간 확보	
1:30 - 2:30 pm	A 미팅
⇨ 1시 점심시간 이후 미팅 준비를 위한 30분의 시간 확보	
2:50 - 4:00 pm	Z 프로젝트 자료조사
⇨ 2시 30분 이후 딜레이될 수 있는 미팅 시간 감안 20분의 시간 확보	

표 1.1 유동적으로 시간을 배분한 업무 계획표

이렇게 유동적인 시간을 부여하면 업무를 하는 데 실질적인 시간을 확보하는 것뿐만 아니라 심리적인 안정감도 함께 얻을 수 있다는 장점이 있어. 언제든 다른 일이 치고 들어올 수 있다는 걸 알고 대비하는 느낌으로 말이야. 즉, 쫓기는 게 아니라 한발 앞서가는, 통제 가능한 계획을 세우는 방법이지.

Step 2. 해야 하는 또는 할 것으로 예상되는 잡무 시간을 포함할 것

막내의 하루는 언제나 변동될 수 있기 때문에 다이어리에 쓰기에 애매한 잡무라도 우선은 모두 기록하고 쓰는 걸 추천해. 이런 잡무 목표는 매일 거의 완벽하게 처리할 수 있을 정도로 간단하기 때문에 계획표에 완료 표시를 하며 성취감을 느낄 수 있고 실제로 오늘 하루를 어떻게 사용했는지 회고하는 데도 많은 도움이 돼.

My List	
☑ 완료여부	Aa 기타 잡무 및 개인
☑	A 프로젝트 회의 준비 - 자료 출력
☐	업무 종료 후 내일 Plan 세우기
☑	C 프로젝트 자료조사 항목 리서치
☑	생각날 때 물 마시기

그림 1.2 잡무 표기 - My List 작성 예시

이런 식으로 'My List'를 만들어서 회의를 준비하는 시간, 업무 계획표를 수정하고 작성하는 시간 등 회사에서 필요한 개인 시간을 같이 설계하는 거야. 개인의 취향과 업무에 맞게 실제 '할 일 목록'에 함께 추가해도 좋고 나처럼 따로 리스트를 빼서 관리해도 좋아. 본인에게 더 맞는 방법으로 나만을 위한 플랜을 설계해 보도록 해.

Step 3. 내일의 업무 계획은 가능하면 퇴근 직전에 세울 것

하루의 업무 플랜을 세우기 가장 적당한 시간은 모든 업무를 마무리한 후 퇴근 직전이라고 생각해. 자연스럽게 오늘 일에 대해 리뷰하며 더 명확하게 일을 정리할 수 있으니까. 당일 오전에 계획을 세우면 아무래도 전날보다는 여유가 없기 때문에 하루를 시작하는 시점부터 자칫 잘못하면 쫓기는 기분이 들 수 있어. 하지만 퇴근 전은 상대적으로 여유가 있기 때문에 꼼꼼하게 차근차근 무엇보다 조금은 기쁜 마음으로 계획을 작성할 수 있으니 그때 하는 걸 추천할게.

실질적인 업무의 데드라인 파악하기

POINT 컨펌 상사의 스케줄을 고려한 진짜 데드라인을 파악할 것

'Z 프로젝트 자료조사'를 일주일 안으로 완료해야 한다고 가정해보자. 진짜 제출일은 언제일까? 일주일의 마지막 날일까? 여기서 중요한 건 나의 일정만 생각하는 게 아니라 팀의 일정을 함께 고려해야 한다는 점이야.

예를 들어 제출 마지막 날 피드백을 줄 상사가 외부 스케줄이 많거나 휴가라고 해보자. 이럴 때 해당일에 제출하면 나는 일을 했어도 상사는 그렇게 받아들일 수 없겠지. 당연하게도

검토할 시간이 없었으니까. 이런 경우엔 최소한 마감 이틀 전쯤 초안을 내거나 사전에 미리 마지막 날 이러한 이유로 일정이 있으신 것 같아 전날에 제출하는 게 좋을지 미리 여쭤보고 일정을 확인하여 정리하는 게 필요해.

■ **실질적인 데드라인을 파악하는 과정 예시**

1. **업무 내용**: Z 프로젝트 자료조사
2. **마감 기한**: 9/17(금)
3. **진행 과정**

일반 막내	일잘러 막내
❶ 9/17(금) 데드라인 확인	❶ 9/17(금) 데드라인 확인
❷ 해당 데드라인에 맞춰 업무 진행	❷ 컨펌 상사 스케줄 확인
❸ 9/17(금) 상사에게 제출 및 보고	・9/17(금) 외부 미팅이 많아 내부 검토 시간이 부족하진 않은지, 혹은 휴무 또는 반차는 아닌지 등(팀 스케줄표 등으로 파악하되 어려울 경우 상사에게 직접 문의하기)
	❸ 상사가 확인 가능한 데드라인 파악 후 스케줄링 하기

표 1.2 일반 막내 vs. 일잘러 막내의 업무 데드라인을 파악하는 과정 비교

이런 식으로 표면적인 데드라인과 완료해야 하는 실질적인 데드라인을 구분해서 진행해야 해. 금요일까지라고 무조건 '금요일 퇴근 전까지 제출하면 되겠지'라고 생각하는 게 아니라 상사가 검토할 시간이 더 필요하진 않을지, 더 빨리할 필요는 없는지 조금 더 세심하게 준비할 수 있도록 말이야.

이건 단순히 상사의 스케줄에 나를 맞추는 게 아니라 더 효율적인 업무를 위해서 필요한 과정이야. 시야를 넓혀서 상사의 업무와 일정도 고려하여 업무를 진행하면 섬세하게 일한다는 느낌을 줄 수 있고 결론적으로 같은 보고서를 올려도 더 좋게 보일 수 있지. 이런 긍정적인 눈치력을 키우는 것이 막내에게 필요한 일이라고 생각해. 사사건건 상사의 기분이 어떨지 신경 쓰는 것이 아니라 업무를 하는 상대방의 입장에서 생각하는 눈치력 말이야. 이런 작은 스킬이 회사생활을 나아지게 만드는 데 훨씬 유효한 방법이라고 생각해.

명확한 업무의 순서를 설계하는 법

POINT 우선순위와 중요도를 함께 고려하여 할 일 목록을 작성할 것

혹시 이런 경험 있어? A 업무를 열심히 하고 있는데 상사나 동료가 지나가면서 **"김사원님, 혹시 B 업무는 언제쯤 될까요?"**라고 질문받은 적 말이야. 있다면, 우선순위 업무를 놓쳤을 가능성이 커. B 업무가 더 빨리 처리해야 할 일이었는데 A를 먼저 하고 있었던 게 이상해서 물어본 것이기 때문이야. 이처럼 업무 계획을 세울 때는 반드시 일의 우선순위와 중요도를 설계해야 해. 신입사원 막내로서 처음부터 이를 파악하기 어려울 수도 있지만, 다음에서 설명하는 단계로 조금만 노력을 기울이면 충분히 가능하니 잘 따라와!

전체적인 업무의 구조 파악하기

무언가를 계획하는 건 단편적인 조각이 아닌 큰 그림에 대한 인지에서부터 시작한다고 생각해. 업무도 마찬가지지. 내 회사, 내가 속한 부서에서 하고 있는 전반적인 일의 흐름과 구조를 알아야 무엇이 중요하게 처리해야 할 일인지 알 수 있거든. 시간이 지나면 자연스럽게 알게 될 테지만, 업무에 보다 더 빠르게 적응하고 유효한 플랜을 세우기 위해 다음 단계에 따라 업무의 구조를 파악해봐.

Step 1. 과거 프로젝트 랩업 자료 꼼꼼하게 살피기

사수에게 부탁해서 과거 프로젝트의 랩업 자료를 받아 업무의 흐름을 파악해보는 거야. 랩업 자료는 특정 프로젝트나 분기별 사업을 완료하고 나서 최초 목표부터 실행 과정, 결과까지 일목요연하게 정리해 놓은 요약집이라고 볼 수 있거든. 따라서 한눈에 업무를 파악하기가 쉬워. 기업의 특성상 조금씩 표현법이나 종류가 다를 수는 있지만, 대부분 갖고 있을 '프로젝트의 마지막 정리 자료'를 확보해서 파악하면 무리가 없을 거야.

전반적인 흐름을 훑어보면서 특정 과정에 필요한 업무(예를 들어 출시 프로모션 단계에서는 소비자 조사를 토대로 진행했구나 등)를 추측하고, 하이라이트를 표시해 보관해두면 더욱 좋아. 추후 유사 업무를 진행하면서 다시 살펴볼 때 참고할 수 있으니까.

Step 2. 함께 참조된 메일 살피기

내 업무와 직접적인 관련은 없지만, 같은 프로젝트 건이라 메일 참조에 포함돼 메일을 받은 적이 꽤 있을 거야. 그건 다 이유가 있어서 함께 참고하라고 메일을 보내는 것이기 때문에 놓치지 않고 봐 둘 필요가 있어. 특히, 스레드가 많이 쌓인 메일은 그걸 통해 커뮤니케이션 과정을 이해할 수 있고 무엇보다 '누가 그 일을 하는지'를 직접 확인할 수 있어. 계획을 효율적으로 세우는 데에 도움이 될 뿐만 아니라 어떤 걸 누구에게 질문해야 하는지, A 건으로 걸려온 내부 전화를 어느 쪽으로 돌려야 하는지 등 막내의 일상 속 사소한 부분에 도움 될 여지가 많기 때문에 꼼꼼하게 살펴보면 도움이 될 거야.

중요도에 따른 일의 순서 설정하기

Step 1. 우선순위 및 중요도가 높은 일부터 수행하기

# 우선순위	● 중요도	◎ 업무 구분	Aa 할 일	☑ 진행사항	☰ 비고
2	상	데일리	협업 업체 메일 회신	☐	
1	중	A 프로젝트	컨셉 기획안 - 자료조사	☑	9/29(화) 중간보고 ✎
3	하	Z 프로젝트	제품 출시 프로모션 온에어 검토	☐	

그림 1.3 우선순위 및 중요도를 반영한 Daily To Do List 예시

일의 우선순위를 어떻게 정해야 할까 고민된다면 일반적으로 다음 규칙을 따르면 좋아. 다만 조직과 직무별로 조금씩 다를 수 있으니 일하면서 스스로 업데이트하거나 궁금한 건 사수에게 물어보는 등 자신에 맞게 조절하며 맞춰가면 더욱 좋겠지.

1. 데드라인 우선순위 [가까운 〉 먼]

업무에 있어 기한을 지키는 것이 가장 기본이므로 마감 기한이 가깝게 임박한 업무는 먼저 처리할 수 있도록 우선순위로 배치하자. 반면 상대적으로 일정이 여유 있는 업무는 남은 기간 동안 적절하게 분배하여 수행할 수 있도록 세분화하면 밀리지 않고 퀄리티 있게 완료할 수 있어.

2. 중요도 우선순위 [프로젝트 〉 데일리 업무]

팀에서 특정 기간 내 진행하는 프로젝트성 업무는 일상적으로 수행하는 데일리 업무보다 복잡하고 디테일한 작업을 필요로 하기 때문에 중요도에 있어 더 높은 순위로 책정해야 해.

3. 작업 효율 우선순위 [어려운 〉쉬운]

더 많은 고민과 시간이 필요한 어려운 업무를 먼저 수행하고 상대적으로 가볍고 빠르게 처리할 수 있는 쉬운 업무를 후에 처리하는 방식을 추천해. 쉬운 일부터 진행하면 아직 어려운 업무가 남아 있다는 압박감에 집중도가 떨어져 일을 진행하는 속도가 훨씬 더 더뎌질 수 있기 때문이야.

Step 2. 오전/오후 시간대 구분하여 수행하기

오전과 오후는 업무의 집중도가 다르고 일하는 사람들의 태도와 기분도 다를 때가 많아. 따라서 플래닝을 할 때도 이런 리듬을 고려해서 반영하는 게 좋아. 개인마다 집중이 잘 되는 시간이나 업무의 흐름이 다를 수 있기 때문에 아래 내용은 참고로 하되 각자에게 맞는 시간에 따라 진행하는 걸 추천할게.

- **시간대별 업무 구분 예시**

  1. **오전 [우선순위 및 중요도 높은 일]**

     : 급한 일/오늘 안에 끝내야 하는 일/시간이 많이 소요되는 일/많은 생각이 필요한 아이디어 또는 복잡한 문제에 관한 업무 등

  2. **오후 [우선순위 및 중요도 낮은 일]**

     : 데일리 업무/회의 및 자료 준비/전화 업무/기타 일반적인 업무 등

오후 시간이 양적으로는 더 많지만 집중력은 오전에 비해 현저히 떨어지는 편이야. 따라서 오전을 활용해 우선순위와 중요도가 높은 일부터 처리하는 게 좋아. 이렇게 할 경우 심리적으로도 중요한 걸 끝냈다는 마음으로 오후 시간에 더 집중할 수 있고 쫓기지 않고 한정된 시간을 효율적으로 활용하는 데 도움이 돼.

최대한 디테일하게 업무를 목록화하기

POINT 업무를 역순으로 생각하여 필요한 단계를 잘게 세분화할 것

플래닝을 할 때 업무는 최대한 디테일하게 세분화할수록 빠르게 진행할 수 있는 가능성이 커져. 예를 들어 '기획안 작성'이라고만 적으면 무엇부터 해야 하는지 다시 생각해야 해. 자료조사가 필요하다는 생각이 들면 그때서야 시작하고, 자료조사는 어떤 걸 찾아야 할까 또 재차 고민하는 과정을 거치게 되는 거지. 이렇게 생각에 생각이 꼬리를 물고 시간이 점점 늘어나면 내가 해야 할 업무는 '기획안 작성'인데 많은 시간이 흘러도 한 발도 떼지 않은 것과 같은 느낌이 들어 답답할 수도 있어. 무엇보다 이 때문에 시간도 더 길어질 가능성이 많기도 하고.

하지만 '기획안 작성'을 위해 필요한 세부 업무가 무엇인지 역으로 생각하면서 목차를 세분화하면 지금 당장 시작해야 할 일이 무엇인지 명료하게 정리할 수 있어. 또한 작은 목차를 연속으로 클리어하며 업무를 수행해가면서 성취감도 느낄 수 있고, 업무 집중도도 올라가서 더 만족스러운 결과를 내는 데도 궁극적으로 도움이 되지.

- 업무 세분화 예시
  1. 업무 내용: Z 프로젝트 기획안 작성
  2. 세분화 과정
     ① 사전 자료조사: 시장 환경/경쟁사/자사 장단점 분석/소비자 분석 등
     ② 목차 구성
     ③ 초고 작성
     ④ 1차 보고
     ⑤ 피드백 반영하여 수정
     ⑥ 최종 퇴고 및 마무리

이런 식으로 개념을 추상적으로 생각하는 게 아니라 지금 당장 실행할 수 있는 것부터 단계별로 쪼개 적는 거야. 자료조사를 해야 한다면 어떤 걸 조사할지까지 세세하게 미리 생각해서 구성하는 거지. 그럴듯한 말일 필요는 없어. 스스로가 이해할 수 있는 언어로 최대한 디테일하게 작성하는 습관을 들이면 돼.

업무 계획을 효과적으로 도와주는 툴

POINT 효율적으로 일하는 '도구형 인간'되기

나는 업무 계획을 세울 때 수기 노트와 노션(Notion) 두 가지를 사용하고 있어. 노션으로 전반적인 업무의 흐름과 내용을 적어 관리하고 수기 노트는 오늘 해야 할 일에 대한 To Do List를 중심으로 걸려오는 전화나 업무를 수행하며 겪는 실수나 잘한 점 등을 그때그때 바로 적어서 정리하고 있어. 일반적인 노트에 할 일을 정리하는 것도 물론 좋지만, 요즘은 마음만 먹으면 효율을 극대화해주는 좋은 도구들이 많기 때문에 나의 상황을 분석하고 가장 필요한 게 무엇인지에 맞춰서 이를 적극적으로 활용해도 좋을 거야. 다음은 내가 사용해봤던 도구 중 가장 효용성이 높았던 몇 가지를 정리해서 가져왔어. 한 번씩 사용해보고 괜찮다면 각자에게 맞춰 사용해보는 걸 추천할게.

진짜 일하는 시간 찾기(Time Tracking) – 토글(toggl)

토글(toggl)은 특정 업무에 소요되는 시간을 트래킹할 수 있게 도와주는 사이트야. 웹은 물론 휴대폰 애플리케이션으로도 활용할 수 있는 편리함도 하나의 강점이지. 내가 체크한 시간이 기록으로 남기 때문에 일회적인 스톱워치보다 유용해. 이는 실제로 A라는 업무를 할 때 얼마의 시간이 드는지 감이 오지 않을 때 해당 업무를 수행하면서 얼마의 시간이 걸리는지 역으로 확인하는 데 사용하면 좋아. 이렇게 실질적인 시간을 고려하여 플래닝을 하면 달성 가능한 효과적인 계획을 세울 수 있으니까.

PC에서 토글 활용하기

1. 토글 사이트(https://www.toggl.com/track)에 접속한 다음 [Log in] 버튼을 클릭해 로그인한다.

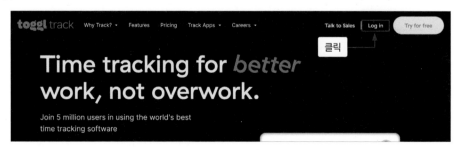

그림 1.4 toggl track 사이트 로그인

2. ① 왼쪽 메뉴의 [Timer]를 클릭한 후 ② 오른쪽 [What are you working on?]으로 표기된 부분에 진행하고자 하는 업무의 타이틀을 작성한다.

그림 1.5 [Timer] 클릭 → 진행할 업무 타이틀 작성

3. 오른쪽 [재생] 버튼을 클릭한 후 업무를 시작한다.

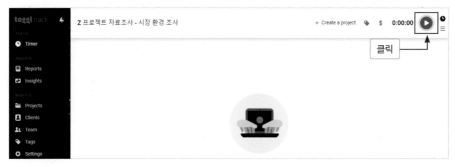

그림 1.6 업무 시작 시 [재생] 버튼 클릭

4. 해당 업무를 마칠 때 [멈춤] 버튼을 클릭하여 완료한다.

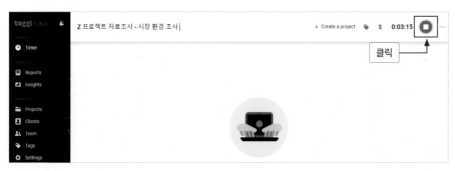

그림 1.7 업무 완료 시 [멈춤] 버튼 클릭

5. 다음 그림처럼 생성된 [Today] 셀을 통해 해당 업무를 하는 데 걸린 총 소요 시간을 확인한다.

그림 1.8 Toggl Time Tracking을 통한 업무 총 소요 시간 확인하기

모바일 애플리케이션에서 토글 활용하기

토글은 모바일 애플리케이션을 이용해 이동할 때 또는 회의할 때처럼 PC를 이용하기 어려운 환경에서도 활용할 수 있기 때문에 편의성이 높아. 나는 아래처럼 업무뿐만 아니라 개인적으로 하루의 시간을 어떻게 쓰는지 파악하기 위해 모바일을 활용하기도 해. 이를 참고해서 하루 전체의 운영 시간을 체크해봐도 좋고, 특정 업무에 걸리는 시간만 체크해봐도 좋으니 각자에게 맞는 방법으로 사용해보도록 하자.

1. 토글 애플리케이션을 내려받아 접속한 다음 하단의 [I'm working on]으로 표기된 부분을 클릭한다.

그림 1.9 Toggl track 애플리케이션 접속 → [Timer] 섹션 하단 [I'm working on] 클릭

2. ① 다음과 같은 창이 뜨면 [I'm working on]으로 표기된 부분을 클릭해 ② 업무 타이틀을 작성한다.

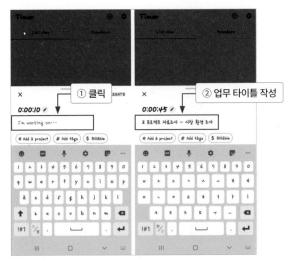

그림 1.10 [I'm working on] 클릭 → 업무 타이틀 작성

3. ③ 아래쪽 [@ Add a project]를 클릭하면 업무 타이틀 옆에 골뱅이[@] 모양 텍스트가 생긴다. ④ 이곳에 해당 업무를 총괄하는 상위 프로젝트의 제목을 작성한다. ⑤ 오른쪽 위 [CREATE] 버튼을 클릭한다.

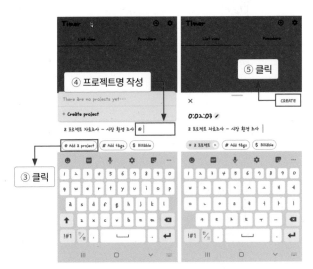

그림 1.11 하단 [@Add a project] 클릭 → 프로젝트명 작성 → [Create project] 클릭

4. 업무의 종류에 따른 시간 배분 리포트를 확인하여 추후 업무 계획을 세울 때 참고한다.

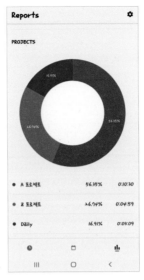

그림 1.12 [Reports] 페이지에서 Time Tracking 확인하기

나만의 계획표 만들기 – 노션(Notion)

보다 더 정확하고 한눈에 들어오게 정리하려면 온라인상의 플래너를 활용하는 것도 하나의 방법이야. 이런 관점에서 노션(https://www.notion.so)이라는 사이트를 추천해. 노션은 깔끔한 인터페이스와 작성자가 직접 UI를 자유롭게 구성할 수 있다는 점, 여러 레퍼런스를 표나 리스트 등으로 자유롭게 만들어 사용할 수 있다는 점에서 큰 장점이 있어. 온라인상이지만 입맛에 맞는 다이어리처럼 꾸미고 싶은 사람에게 특히 추천해.

> **TIP** WORK PLAN 템플릿의 구성 살펴보기
>
> 1. **업무 3계명**: 한 달/한주/매일 지키고 싶은 것
>
> 2. **My List**: 해야 하거나 할 것으로 예상되는 잡무 및 개인 사항에 대해 적은 것
>
> 3. **Monthly Time Line**: 주요한 프로젝트와 할 일 목록을 한눈에 볼 수 있게 정리
>
> 4. **Daily Plan**: 우선순위와 중요도를 반영한 To Do List

그림 1.13 노션으로 만든 WORK PLAN 이미지

한 달의 계획을 일목요연하게 볼 수 있게 정리한 [Monthly Time Line]은 다음과 같이 오른쪽에 있는 삼각형을 클릭해 뷰(View)를 변경할 수 있어.

그림 1.14 노션 WORK PLAN – Monthly Time Line [타임라인] 보기 예시

여러 개의 할 일을 기간별로 한눈에 볼 수 있는 [타임라인], 프로젝트의 진행 상황별로 업무를 파악할 수 있는 [보드], 달력 형태로 확인할 수 있는 [캘린더], 간단히 목록화하여 정리한

[리스트]까지 총 4가지 뷰로 변경할 수 있어. 각자 상황에 맞는 적절한 형태로 활용하면 도움이 될 거야.

- [타임라인] 보기 예시

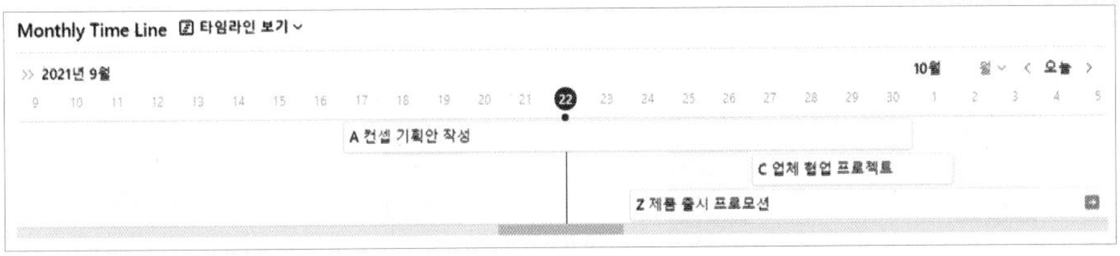

그림 1.15 Monthly Time Line – [타임라인] 보기 예시

- [보드] 보기 예시

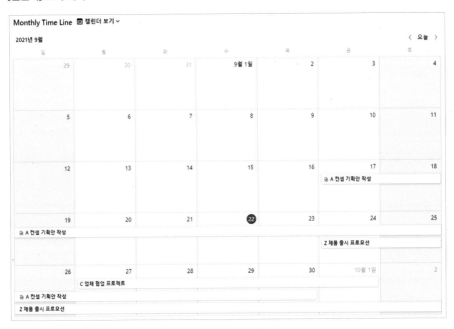

그림 1.16 Monthly Time Line – [보드] 보기 예시

- [캘린더] 보기 예시

그림 1.17 Monthly Time Line – [캘린더] 보기 예시

■ [리스트] 보기 예시

Monthly Time Line
리스트 보기
C 업체 협업 프로젝트
2021년 9월 27일 → 2021년 10월 1일
A 컨셉 기획안 작성
2021년 9월 17일 → 2021년 9월 30일
Z 제품 출시 프로모션
2021년 9월 24일 → 2021년 10월 7일

그림 1.18 Monthly Time Line – [리스트] 보기 예시

펜으로 적는 데일리 기록의 힘 – 노트

온라인에서 활용할 수 있는 사이트가 정말 많지만, 여전히 오프라인에서 직접 적는 노트도 필요하다고 생각해. 나의 경우엔 다이어리에 노션으로 정리한 To Do List를 간단히 적어. 그리고 그 밖의 전화, 회의 및 각종 피드백 사항 등 업무를 하며 오고 가는 중요한 사항을 적어 넣는 기록용으로 사용하고 있어. 특히 어떤 피드백을 받거나 줄 때 해당 사항을 상세하게 적고 그에 따른 내 생각과 감정도 같이 적고 있어. 다음과 같이 말이야.

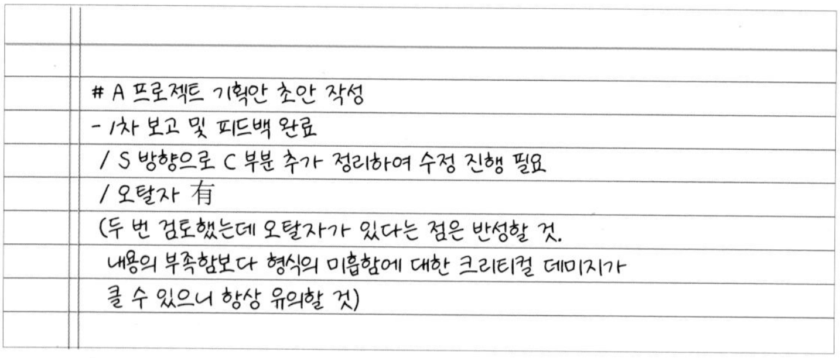
A 프로젝트 기획안 초안 작성
- 1차 보고 및 피드백 완료
/ S 방향으로 C 부분 추가 정리하여 수정 진행 필요
/ 오탈자 有
(두 번 검토했는데 오탈자가 있다는 점은 반성할 것.
내용의 부족함보다 형식의 미흡함에 대한 크리티컬 데미지가
클 수 있으니 항상 유의할 것)

그림 1.19 수기 노트 예시

이렇게 적는 이유는 금세 휘발될 수 있는 당시 생각을 함께 적음으로써 객관적으로 나를 파악할 수 있기 때문이야. 처음 일을 시작하고 1년간 발전하지 않는 스스로가 너무 답답하던 시절이 있었어. 그때 기록 노트가 가장 많은 도움이 됐어. **일의 과정과 결과에 대한 팩트와 함께 짧게라도 생각을 적으면 내가 '어떤 일에 힘들어하고, 어떤 감정이 들 때 괴로운지'부터 '어떤 업무를 할 때 실수를 하고, 어떤 업무를 할 때 상대적으로 즐거운지' 등을 비교적 명확하게 알 수 있더라고.** 실제로 이걸 다시 읽고 복기하는 과정을 통해서 업무를 진행하는 스킬이 한 단계 발전했다는 생각이 들 정도로 정말 효과적인 방법이었던 터라 모두에게 꼭 추천하고 싶어.

02

막내 업무 1순위,
자료조사 어떻게 해야 할지
막막하다면

막내로서 가장 많이 하게 되는 일 중 하나는 자료조사일 거야. 자료조사는 대개 프로젝트의 시작점인 기획 단계의 토대로 활용할 때가 많기 때문에 중요한 업무라고 할 수 있어. 첫 단추를 잘못 끼우면 그 위의 단추들도 비뚤게 채워지듯 자료조사가 탄탄하지 못하면 이후의 단계에서도 방향성을 잃을 가능성이 높으니까.

이렇게 중요한 일임에도 세부적인 방법은 누가 시간을 내서 처음부터 끝까지 가르쳐 주지 않아 스트레스를 받는 막내가 꽤 많을 거라고 생각해. 나 역시 그랬으니까. **이번 챕터에서는 시간을 절약하고 퀄리티를 높일 수 있는 효율적인 자료조사 방법에 관해 설명하고자 해.** 시작부터 마무리까지 개괄적인 설명과 함께 각 단계에서 실제 업무에 적용할 수 있는 다양한 툴과 노하우를 중점적으로 소개할게.

자료조사 전: 시간을 절약하기 위한 필수 확인 사항

자료조사를 시작할 때 가장 먼저 생각해야 할 것은 목표에 대한 정확한 이해야. 왜, 그리고 무엇을 조사해야 하는지에 대한 세부적인 계획을 세우지 않고 시작하면 포털사이트 화면을 켜 두고 키워드를 이리저리 검색하면서 불필요하게 시간을 소요할 가능성이 높기 때문이지. 무엇을 하든 일하는 시간 동안 낭비 없이 최선의 결과를 내기 위해 노력할 필요가 있어. 단순히 누군가에게 잘 보이거나 하는 문제가 아니라 실질적으로 내가 성장하고 주도적으로 일하며 능력을 키우는 데 이만한 방법이 없어. 그러므로 자료조사를 할 때는 본격적인 조사를 시작하기 전에 다음과 같은 사항을 필수적으로 체크하자.

목표 확인: 무엇을 위해 필요한 자료인가

첫째, 목표를 파악하는 단계야. 앞서 첫 단추 이야기를 한 것처럼 자료조사는 어떤 프로젝트의 인사이트를 얻기 위한 기반이 되는 업무이기 때문에 그 어떤 것보다도 정확도가 중요하거든. 풍부한 자료를 담되 사족을 쳐내고 핵심 자료만 임팩트 있게 정리하려면 다음과 같은 사항을 확인해야 해.

- 왜 찾아야 하는지

- 무엇을 찾아야 하는지

- 그래서 이 자료가 어디에 쓰이는지

예를 들어 상사가 '최근 3년간 패션 유통 채널의 변화'에 대한 조사를 요청했다고 가정해 보자. 상사가 이 조사를 왜 해야 하는지 말해주지 않는다면 세부적으로 질문하는 게 좋아. 어떤 문서 또는 프로젝트에 필요한 자료인지 물어서 이유와 사용처를 확인하고, 백화점부터 쇼핑몰, 온라인 등 패션 유통 채널의 종류가 다양한데 이를 전반적으로 다루면 될지 대략 물어보는 거지. 바로 디테일한 생각이 떠오르지 않는다면 자리에 돌아와 생각해 보고 그다음 질문을 해도 좋아. 이렇게 하면 어디서부터 어디까지 조사해야 할지 범위를 설정할 수 있거든. 위 세 가지가 명확해졌다면 메모장에 적어 바탕화면에 띄워 두거나 포스트잇으로 모니터 옆에 살짝 붙여 두고 상기하면서 조사하자.

폼(form) 확인: 어떤 포맷으로 정리할 것인가

둘째, 자료를 어디에 어떻게 정리할지에 관한 포맷을 확인해야 해. 일을 할 때 혹시 형식보다 내용이 중요하다고 생각해? 대답은 No. 회사에서는 내용만큼이나 형식도 정말 중요해. 수많은 커뮤니케이션이 오고 가는 조직에서 형식은 공통된 언어와 같거든. 서로 사용하는 공통의 언어가 있는데 그 이외의 언어를 사용한다면 어떻게 될까? 이를테면 기획안 자료조사는 항상 엑셀 형태로 정리해 왔는데 막내인 네가 어느 날 갑자기 워드로 정리해서 전달한다면? 내용을 보기도 전에 부정적인 피드백을 받을 가능성이 매우 높아. 그러니 포맷의 중요성을 잊지 말고 다음 사항을 잘 체크하자.

- 업무 지시를 받을 때 '워드에 간단하게 정리하면 될까요?'와 같이 어떤 형식으로 정리해야 하는지 포맷 확인하기

- 기존에 진행했던 동일한 사례의 샘플이 있다면 전달받아 참고하기

- 샘플을 보며 전반적인 양과 흐름에 대한 감 익히기

포맷을 확인하고 샘플도 수령했다면 천천히 보면서 어느 정도 양으로 했는지, 폰트의 종류와 크기는 어떤지 파악하여 이와 크게 어긋나지 않는 선에서 정리하는 게 좋아.

나의 경우엔 전체 자료를 검색한 raw data 파일은 워드나 에버노트로 수집하고 각각 규격에 맞는 포맷에 맞춰 워싱한 후 최종 정리하고 있어. 그렇게 하면 자료조사가 끝났을 때 총 2개의 파일이 만들어지는데 혹시 추가 수정사항 등이 있을 경우 raw data 파일을 열어 참고하면 다시 처음부터 검색할 필요가 없으니 훨씬 시간을 절약할 수 있어. 애써 열심히 한 자료조사가 형식 때문에 평가절하되지 않게 조사 전에 위 사항들을 잘 참고하길 바랄게.

정보성 · 팩트 자료의 검색

본격적으로 자료조사를 시작해 보자. 예를 들어 '20대 여성을 위한 패션 제품의 온라인 판매 전략 수립'을 위해 기존 소비자 동향 및 유통 시장에 대한 전반적인 조사를 한다고 가정해 볼게.

가장 첫 단계는 찾고자 하는 핵심 키워드와 관련한 팩트를 알아보는 일이야. 내일의 계획을 세우기 위해서는 오늘 내가 뭘 했는지, 어디까지 했는지를 알아야 하는 것처럼 우리 제품이나 서비스가 객관적으로 어느 위치에 있는지, 어떤 것들을 해왔고 사람들은 그걸 어떻게 인식하는지 정확한 정보가 필요하거든. 이러한 정보성 자료를 검색할 때는 다음과 같은 단계로 진행하면 좋아. 각 단계에서 참고할 수 있는 대표적인 사이트들도 함께 정리했으니 각자의 영역에서 필요한 부분을 참고해 사용하면 도움이 될 거야.

산업 동향 검색: 공식 홈페이지 살피기

세상 모든 제품, 서비스, 매체 등은 독립적으로 존재하지 않기 때문에 이를 아우르는 상위 산업의 동향을 살펴볼 필요가 있어. 이때 각 산업군의 대표적인 기관에서 제공하는 자료들은 가장 신뢰할 만한 데이터라고 할 수 있지. 기관에서 주기적으로 업데이트하는 자료는 신뢰도가 높을 뿐 아니라 인사이트를 뽑아내는 데 실질적인 도움이 돼.

기본적으로 활용할 만한 몇 가지 사이트를 소개할게. 이외에도 각자 일하는 업종과 관련한 대표적인 사이트가 있다면 즐겨찾기 해 두고 필요할 때 살펴보면 유용하게 활용할 수 있을 거야.

■ 대한민국 정책브리핑[국내 경제/정책] (https://www.korea.kr)

최근 경제 동향, 경제 지표 등 국내 경제, 정책에 관련한 세부 정보를 확인할 수 있어. **자료조사에 활용할 만한 전문 자료는 [정책 DB] 카테고리의 [전문자료]에서 확인 가능해.**

20대 여성을 위한 패션 제품의 온라인 판매 전략을 위한 자료조사를 가정한다면 주제별 선택 시 [생활경제]의 [소비생활] 섹션으로 들어가거나 '온라인 쇼핑'과 같은 직접적인 연관 키워드를 검색해 찾아볼 수 있어.

그림 2.1 대한민국 정책브리핑 사이트 → [정책 DB] → [전문자료] 검색 결과

■ Kotra 해외시장뉴스[해외 시장/산업] (https://news.kotra.or.kr)

해외 국가별 주요 산업 동향, 국내 수출 동향, 상품 트렌드 등을 한눈에 볼 수 있어. **특히 [상품/산업] 카테 고리의 [트렌드]는 각국의 무역관이 직접 조사한 신뢰도 높은 내용을 제공하고 있어.** 특정 국가에 대해서 알고 싶다면 검색 시 세부적으로 지역 등을 설정해 필요한 부분만 살펴볼 수 있으니 잘 활용해 보길 바 랄게.

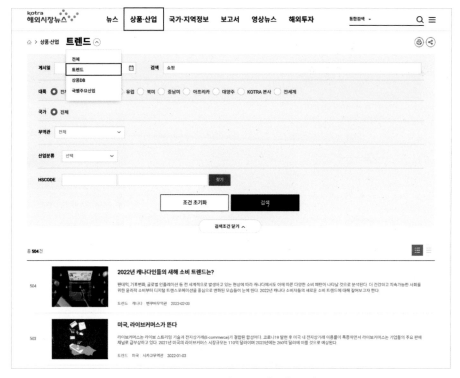

그림 2.2 Kotra 해외시장뉴스 → [상품/산업] → [트렌드] 검색 결과

■ 네이버 트렌드[검색 트렌드] (https://datalab.naver.com/keyword/trendSearch.naver)

키워드별로 하위 검색어를 세부적으로 설정하여 검색할 수 있고 기간, 성별, 연령까지 찾아볼 수 있어 구체 적인 타깃에 대한 조사가 필요할 때 유용해.

20대 여성을 대상으로 패션 제품을 판매하는 곳에 대한 트렌드를 살펴보고 싶다면 그림 2.3과 같이 [패션] > [백화점] > [아울렛] > [온라인쇼핑몰] 등의 주제어를 선택해 검색해 볼 수 있어. 원하는 값이 잘 나오지 않으면 다양한 키워드를 넣고 빼 보면서 살펴보면 돼.

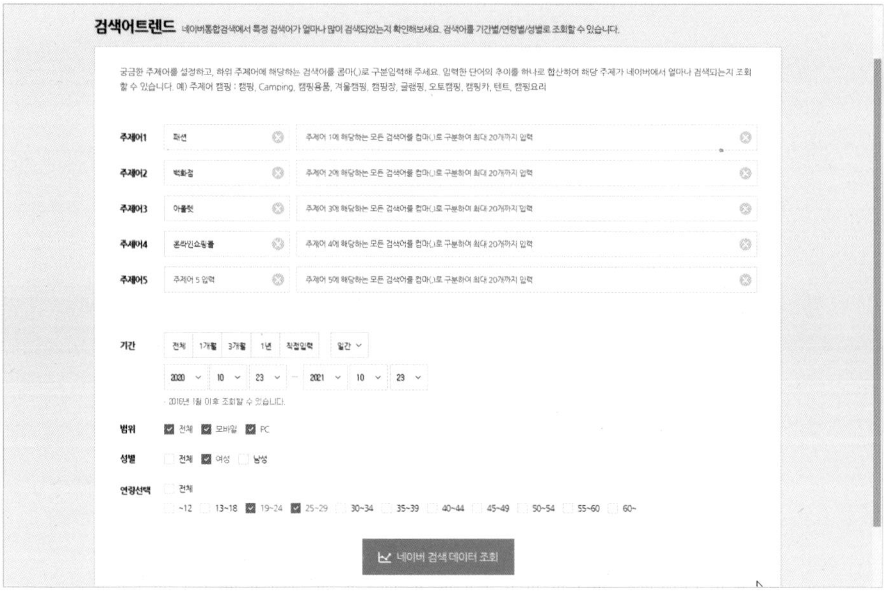

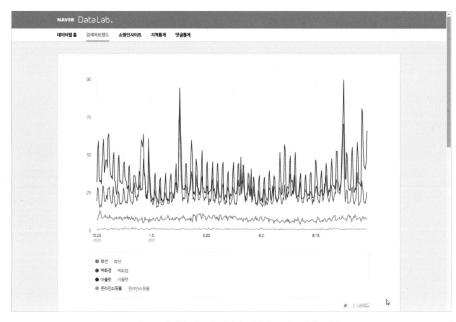

그림 2.3 네이버 트렌드 검색 → 상세 주제어 및 정보 설정

이렇게 해서 그림 2.4와 같은 결과가 추출됐다면 2월과 9월에 더 많은 검색이 이뤄진 건 무엇 때문일지 고민하고 이슈를 체크해보면서 부가 조사를 해봐도 좋아. 간단히 찾아봤을 때 2월과 9월엔 각각 설날과 추석 연휴가 있어서 아울렛의 검색량이 월등히 높았던 걸 확인할 수 있었어.

그림 2.4 입력한 정보의 네이버 검색어 트렌드 추출 결과

■ 구글 트렌드[검색 트렌드] (https://trends.google.com)

기간별 검색 트렌드를 보여주되 **전 세계 지역별 관심도를 함께 제공해 해외 시장과 소비자에 대한 조사가
필요할 때 유의미한 자료로** 활용할 수 있어.

그림 2.5와 같이 미국 내 온라인 쇼핑의 트렌드 검색을 했다고 가정해 볼게. 아칸소와 델라웨어주에서 가
장 높은 관심이 있었고 관련된 키워드로 벨크닷컴과 핑거헛 등의 검색량이 높은 것으로 보아 해당 사이트
에서 많은 온라인 쇼핑이 진행되었다는 걸 알 수 있어.

그림 2.5 미국 내 온라인 쇼핑 키워드 트렌드 검색 결과

■ IT FIND – IT 지식포털[IT] (https://www.itfind.or.kr)

IT 업계 동향부터 뉴스까지 한눈에 볼 수 있는 사이트야. 가장 유익한 점 중 하나는 [동향정보] 내 [유관기
관 스크랩] 탭에 들어가면 한국전자통신연구원, 대한무역투자진흥공사 등 연관 업계가 발행하는 주요 자
료를 함께 볼 수 있다는 것이야.

그림 2.6 IT FIND → [동향정보] → [유관기관 스크랩] 검색 결과

■ 한국광고총연합회 – 광고정보센터[문화] (https://www.adic.or.kr)

광고정보센터에서는 마케팅학회 등의 전문 기관에서 정리한 자료뿐 아니라 현재까지 발행된 크리에이티브 광고물(TV CF, 전단 등) 샘플을 확인할 수 있어. 그림 2.7과 같이 [전문자료] 탭에서는 관련 키워드의 **마켓 리포트 및 트렌드, 기타 유사 캠페인의 성공 사례 등 아이디어를 개발하는 데 도움이 되는 다양한 자료를 살펴볼 수 있어.**

그림 2.7 한국광고총연합회 → [광고정보센터] → [전문자료] 검색 결과

■ 한국콘텐츠진흥원 – 문화 (https://www.kocca.kr)

게임, 드라마, 영화, 도서 등에 관한 국내 정책부터 해외 시장 동향까지 문화 콘텐츠를 총망라한 자료를 살펴볼 수 있어. [콘텐츠지식] **카테고리**의 [정기간행물], [연구보고서], [산업통계], [해외시장동향분석] **탭**에서 자료조사에 활용할 만한 수치적인 정보를 확인할 수 있으니 참고하자.

그림 2.8 한국콘텐츠진흥원 → [콘텐츠지식] → [해외콘텐츠산업동향] 검색 결과

트렌드 검색: 뉴스레터 정보지 탐색

조금 더 실질적이고 와 닿는 트렌드 정보가 필요하다면 여기를 주목해. 바로 뉴스레터 정보지를 통한 탐색이야. 요즘은 알찬 정보를 제공하는 뉴스레터와 구독 서비스가 많거든. 이러한 뉴스레터는 분야별 양질의 정보를 살펴볼 수 있는 것은 물론 발행인 나름의 인사이트도 담겨 있어서 읽는 재미도 풍부해. 다음 몇 가지 유용한 정보지를 소개할게. 구독 신청을 해두고 필요할 때 찾아보는 정도로만 활용해도 좋으니 꼭 한 번은 보는 걸 추천해.

- 어피티[경제] (https://uppity.co.kr)

지금 가장 이슈가 되고 있는 경제 정책과 상황을 빠르게 접하고 이해할 수 있어.

그림 2.9 어피티 홈페이지

- 뉴닉[뉴스 전반] (https://www.newneek.co)

업계 동향 자료를 읽어도 단어가 너무 어려워 이해가 잘 안 될 때 유용해. 단순히 뉴스만을 전달하는 게 아니라 용어에 대한 설명부터 차근차근 단계별로 설명해주기 때문이야.

그림 2.10 뉴닉 홈페이지

- 콘텐타[마케팅] (https://www.contenta.co)

  실무에서 뛰고 있는 작가들이 직접 콘텐츠를 쓰는 플랫폼이야. 정보의 생생함이 강점이지.

그림 2.11 콘텐타 홈페이지

- 캐릿[MZ 트렌드] (https://www.careet.net)

  요즘 MZ 세대 사이 유행하는 줄임말 등부터 브랜드까지 주목받는 이슈와 그 이유를 함께 분석해주고 있어. 보는 재미도 있고 MZ 세대를 타깃으로 한 조사를 할 때 한 번쯤 참고하면 도움이 될 거야.

그림 2.12 캐릿 홈페이지

- Q레터[마케터를 위한 정보 및 아이디어] (https://qletter.i-boss.co.kr)

  트렌드의 영향을 많이 받는 마케팅 영역에 있어 참고할 수 있는 다양한 마케팅 정보부터 최근의 이슈까지 정리해 주는 뉴스레터야. 마케터뿐만 아니라 트렌드에 민감한 분야에서 일하고 있는 막내라면 구독해 두는 걸 추천해.

그림 2.13 큐레터 홈페이지

- 뽀시래기의 지식 한 장[사회초년생을 위한 업무 용어 및 정보] (http://pposic.com)

  사회초년생 막내들을 위해 업무에 활용되는 기본적인 용어와 실무 정보를 공유해주는 뉴스레터야. 자료조사에 필요한 자료도 꾸준히 얻을 수 있을 뿐만 아니라 이 책을 읽고 있는 막내들에게 필요한 여러 가지 정보를 얻을 수 있으니 참고하면 좋을 것 같아.

그림 2.14 뽀시래기의 지식 한 장 노션 페이지

키워드 검색: 구글링 기반으로 찾기

본격적으로 자료조사를 시작할 때 가장 기본적인 키워드 검색은 구글을 통해 시작하는 걸 추천해. 원하는 정보를 찾는 데 보다 더 세부적인 검색이 가능하기 때문이야. 다양한 설정을 통해 필요한 키워드에 대한 디테일한 정보를 찾을 수 있는 방법을 다음과 같이 정리했어.

1. | 키워드   Q |

키워드를 포함한 모든 단어와 문장을 검색한다.

그림 2.15 키워드 검색 예시

2. 키워드 1 + 키워드 2 🔍

여러 개의 키워드를 모두 포함하여 검색한다.

그림 2.16 키워드 1 + 키워드 2 검색 예시

3. "키워드" 🔍

쌍따옴표 안의 키워드를 반드시 포함하여 검색한다(✱ 예시 "백화점 전략" 두 단어를 모두 포함한 결과가 도출되는 형태).

그림 2.17 "키워드" 검색 예시

4. [키워드 1 -키워드 2 _____ | 🔍]

키워드 1 가운데 키워드 2를 제외하고 검색한다(✽ 제외할 키워드를 하이픈 뒤에 바로 붙여 써야 올바른
검색 가능).

그림 2.18 상위 키워드 1-하위 키워드 2 → 하위 키워드 2를 제외한 검색 예시

5. [~키워드 _____ | 🔍]

🔍 키워드와 유사한 정보를 함께 검색한다.

그림 2.19 ~키워드 → 유사 키워드 검색 예시

6. | 키워드 1*키워드 2 | 🔍 |

정확한 키워드가 떠오르지 않을 때 해당 공백을 *로 표기하여 검색한다(아래 이미지처럼 생각나지 않았던 부분이 채워진 키워드가 검색됨을 확인할 수 있다).

그림 2.20 키워드 1*키워드 2 검색 예시

7. | 키워드 1 OR 키워드 2 | 🔍 |

두 가지 키워드 중 하나 이상을 포함한 키워드를 검색한다.

그림 2.21 키워드 1 OR 키워드 2 검색 예시

8. `기간 1..기간 2` 🔍

특정 기간의 범위를 설정하여 검색한다.

그림 2.22 기간 1..기간 2 검색 예시

9. `키워드 1.pdf, 키워드 2.jpg 등 파일 확장자를 표기한 키워드` 🔍

특정한 포맷의 파일을 검색한다.

그림 2.23 키워드.pdf 검색 예시

10. ` site:사이트 주소 + 키워드 ` 🔍

특정 사이트 내에서의 결과물만 검색한다.

그림 2.24 site 키워드 검색 예시

위의 사례를 참고해서 여러 가지 키워드를 넣고 빼면서 조사를 진행하면 보다 풍성한 데이터 확보가 가능할 거야. 또한 같은 내용이라 할지라도 한글보다 영어로 검색하면 훨씬 더 많은 양의 자료를 살펴볼 수 있어. 자동 번역 시스템이 있으니 이를 통해 찾아봐도 좋지만, 번역에 오류가 있을 수도 있으므로 각자 필요한 영역에 따라서 취사선택하여 활용하는 걸 추천할게.

실제 소비자의 반응 찾기

자료조사를 할 때 반드시 포함해야 할 기본 영역 중 하나가 바로 실제 우리 제품이나 서비스를 사용하고 있거나 관심 있는 고객들의 반응을 찾아보는 일이야. 소비자의 반응은 기획했던 것과 다를 수도 있고, 혹은 시장에서 전혀 예측하지 못했던 새로운 이슈를 알아낼 수도 있기 때문이지. 다만, 이런 리얼한 반응은 팩트 자료를 찾는 것처럼 정형화된 정리본을 찾기 어렵다는 단점이 있어. 다음에 기본적으로 소비자의 반응을 찾고 정리할 수 있는 기본적인 사이트와 방법을 소개했으니 이를 토대로 정리하면 어렵지 않게 시작할 수 있을 거야.

인스타그램 [#키워드] 검색

소비자들이 실제로 하는 이야기를 모으고 그 안에서 유의미한 정보를 찾아내려면 어떻게 해야 할까? 예전엔 포털사이트 댓글을 살펴보기도 했었는데 요즘은 악플러로 인해 댓글을 막는 경우도 많고 정보를 추출할 만큼의 의미 있는 댓글은 사라진 것 같아 이 방법은 추천하지 않아. 대신 인스타그램, 트위터 등의 SNS를 통해 확인할 수 있지. SNS 중에서도 인스타그램의 키워드를 이용한 검색은 비교적 확실한 데이터를 얻을 수 있어 추천해.

인스타그램 내 [#키워드] 검색하기

우리 회사 제품을 키워드로 하여 [#키워드]를 검색하는 거야. 가장 먼저 총게시물 수 확인을 통해 실제 소비자들 사이에서 얼마나 이야기가 오고 가는지 반응률의 분포를 살펴볼 수 있어. 또한 경쟁사 제품 등의 비교 키워드를 설정해 살펴보면 이와 대조해 우리 제품의 인기나 화제성은 어느 정도인지 체감해 볼 수도 있고. 해당 키워드로 파생된 연관 해시태그를 살펴봄으로써 어떤 식으로 일상생활에 적용하고 있는지 부가적인 패턴을 파악하고 소비자들이 제품을 바라보는 다양한 시각도 알 수 있어.

- **해시태그 LAB 분석 툴을 활용하여 검색하기 (https://tag.mediance.co.kr)**

1. **최근 1년간의 월간 태그 분석**

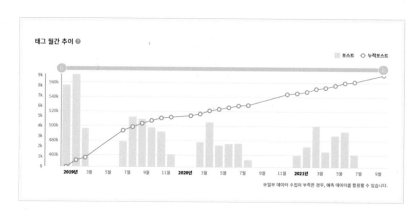

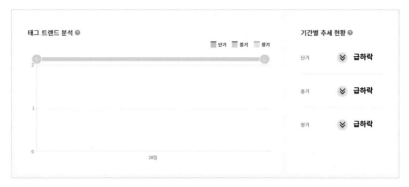

그림 2.25 [백화점] 키워드로 검색한 태그 월간 추이

[태그 월간 추이]를 통해서 월별 태그 증가량과 누적량을 한눈에 확인할 수 있어. 특히 기간별 추세를 [급상승/상승/정체/하락]의 네 가지 단계로 구분해 설명해주고 있어서 현재 해당 키워드의 흐름을 파악할 수 있지.

예를 들어 다음 이미지는 '백화점'으로 검색한 정보인데, [기간별 추세 현황] 정보가 [급하락]이라고 나온 것으로 보아 키워드가 생겨난 지 오래되었고 점차 사용량이 줄어들고 있음을 확인할 수 있어.

2. 키워드를 포함한 인기 게시물의 평균 반응과 유형 분석

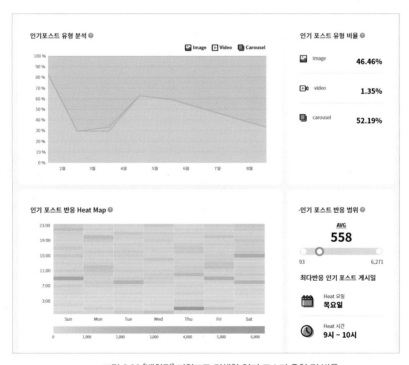

그림 2.26 [백화점] 키워드로 검색한 인기 포스터 유형 및 반응

43

[인기 포스트 유형 분석/반응 Heat Map]을 통해 해당 키워드로 노출된 인기 게시물의 최소–최대 반응과 평균적인 반응을 수치로 보여주고 있어. 예를 들어 '백화점' 키워드로 검색 시 평균적으로 받는 좋아요 수치는 558로 일주일 중 목요일, 시간대는 오전 9시~10시 사이에 가장 많은 반응을 얻고 있는 걸 알 수 있어.

게시물 유형에서는 이미지가 약 46%, 영상이 약 1%, 캐러셀(광고 이미지를 슬라이드 형태로 보여주는 게시물)이 약 52%를 차지하는 걸 볼 수 있어. 이러한 데이터는 정확한 수치를 기반으로 하고 있어서 전체적인 자료조사의 신뢰도를 높이는 데 도움이 되므로 적절하게 활용하면 좋아.

3. 태그 트리를 통한 연관 키워드 확인하기

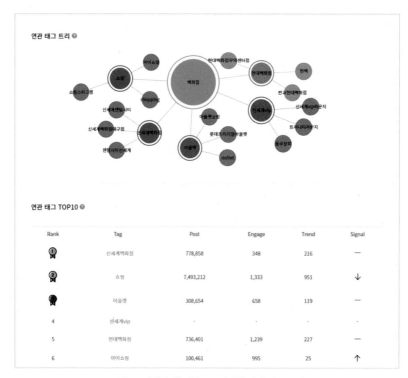

그림 2.27 [백화점] 키워드로 검색한 연관 태그 트리

[연관 태그 트리]를 통해 소비자들이 관심을 가질 만한 다른 키워드를 찾을 수 있어. 만약 여기에 예상하지 못했던 생소한 키워드가 있다면 현재 화제가 되는 이슈 또는 인플루언서 등이 새롭게 생겨난 것으로 볼 수 있기 때문에 두루 살펴보는 게 좋아.

트위터 실시간 트렌드 검색

트위터 실시간 트렌드의 경우 말 그대로 실시간으로 화제가 되는 이슈를 체크할 수 있어 살펴보는 게 좋아. 아쉽게도 우리의 제품이나 서비스가 이러한 실시간 트렌드 순위에 올라가는 게 쉬운 일은 아닐 거야. 그런데도 실시간 트렌드 영역을 체크해야 하는 이유는 차트에 오르내리는 여러 키워드를 살펴보면서 사람들이 지금 관심 있는 이슈와 우리 제품을 연결해 볼 만한 포인트를 찾아볼 수 있기 때문이야.

트위터 실시간 트렌드 정보는 다음과 같이 트위터 앱 하단의 [돋보기 버튼]을 통해 확인할 수 있어. 본인의 애플리케이션에서 해당 순위가 보이지 않는다면 다음처럼 [설정]에 들어가서 '나를 위한 트렌드' 부분을 OFF로 표시하면 순위를 볼 수 있어.

- 국내 실시간 트렌드 검색

그림 2.28 국내 실시간 트렌드 검색 화면

트위터는 국내뿐만 아니라 세계 여러 국가의 트렌드까지 모두 살펴볼 수 있다는 게 강점 중 하나야. 따라서 글로벌 조사가 필요할 때 참고하면 더욱더 좋겠지. 해외의 실시간 트렌드를 볼 수 있는 방법은 [설정]에 들어가서 [이 위치의 콘텐츠 보기]를 OFF 표시한 후 위치 탐색 으로 들어가 원하는 국가를 설정하면 돼.

■ 해외 실시간 트렌드 검색

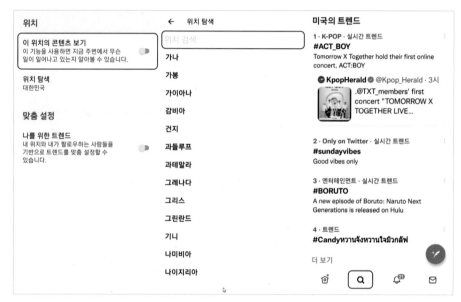

그림 2.29 해외 실시간 트렌드 검색 화면

커뮤니티 살펴보기

일반적인 범주의 소비자가 아니라 정말 우리 제품과 서비스를 이용하는 코어 타깃의 마음을 알고 싶다면 어떻게 해야 할까? 이를 알아보는 방법으로는 트렌드의 최상류층이라 불리는 커뮤니티를 살펴보는 걸 추천해. 커뮤니티에서는 소비자들이 가감 없이 솔직하게 의견을 게재하기 때문에 빠르게 캐치하려면 이를 한 번 살펴볼 필요가 있어.

가능하다면 평소에 다양한 커뮤니티 사이트에 가입해두고 주기적으로 접속해 같은 이슈, 제품, 서비스를 어떻게 보고 표현하는지 살펴보면 좋아. 여러 시각을 배울 수 있고 때로는 다른 영역에 활용할 만한 아이디어도 얻을 수 있으니까. 카테고리별로 참고하면 좋을 대표적인 커뮤니티를 소개할게.

- 뽐뿌 (https://www.ppomppu.co.kr) → IT, 쇼핑

- 루리웹 (https://www.ruliweb.com) → IT, 게임

- MLB파크 (https://mlbpark.donga.com) → 야구

- 디시인사이드 갤러리 (https://gall.dcinside.com) → 문화 전반

- 익스트림무비 (https://extmovie.com) → 영화

- 보배드림 (https://www.bobaedream.co.kr) → 자동차

- SLR클럽 (https://www.slrclub.com) → 카메라, 사진

자료조사 후: 수집한 자료의 분석과 정리

위와 같은 방법으로 자료조사를 완료했다면 이제 드디어 마지막 정리의 과정이야. 찾은 데이터를 단순하게 나열하기만 한다면 보는 사람이 내용을 이해하는 데 시간도 오래 걸리고 핵심도 파악하기 어려워 올바른 자료조사라고 볼 수 없어. 따라서 반드시 다음과 같이 스스로 주관적인 생각을 더해 정리하는 작업을 거치는 게 좋아.

자료 분석 과정

1. 목차 재정리

처음부터 목차를 설정하면 좋지만, 실질적으로 검색도 해보지 않았는데 목차를 떠올리는 게 쉬운 일은 아니야. 그러니 마지막 정리 단계에서 목차를 정리하도록 하자.

찾은 자료를 전체적으로 훑어보면서 같은 카테고리로 묶을 수 있는 내용은 같은 색으로 하이라이트 표기하고 중요한 내용은 따로 체크하는 등 일차적으로 스키밍(Skimming)[1]하면서 정리하는 거야. 이후 하이라이트한 부분만 다시 한번 살펴보면서 목차 키워드를 뽑고 순서를 정리하여 마무리하는 거지.

---

1   글의 대략적인 요지와 목적을 파악하기 위해 전체 글을 빠르게 눈으로 훑어 읽는 것을 말함

2. 각 목차에 맞는 자료 배분하기

목차를 나누었다면 해당 목차에 알맞은 자료를 넣자. 필요한 내용은 핵심을 위주로 깔끔하게 정리하고 필요하지 않은 내용이라면 과감하게 삭제하는 거야. 괜히 양을 채우기 위해 쓸데없는 자료를 넣으면 오히려 어떤 정보를 봐야 하는지 헷갈리고 방향을 잃을 수 있으므로 핵심에서 어긋나는 것들은 제외하고 정리하는 걸 추천해.

3. 전체 내용 요약 및 주관적 의견을 더한 마무리

위의 과정까지 마치면 이제 정말 마무리 단계야. 이 정도로 정리했다면 누구보다도 해당 키워드에 대해 많은 걸 알게 됐을 거야. 이를 바탕으로 너만의 생각을 더해 전체 자료조사의 개괄적인 요약을 해보자.

예를 들어 유통 환경에 대한 조사였다면 '전통 채널 쇠퇴, 새로운 채널 라이브 커머스 대두'처럼 자료조사를 통해 얻을 수 있었던 팩트를 한 줄로 정리해 보는 거지. 이런 과정을 통해 읽는 사람 입장에서는 자료를 훨씬 더 이해하기 쉽고, 이를 통해 다른 인사이트를 얻는 데 도움이 될 수 있어.

여기서 나아가 주관적인 결론까지 도출해 보는 것도 좋아. 최초 세웠던 자료조사의 목표, 이 자료가 활용될 쓰임새를 상기하면서 그에 부합하는 나름의 결론을 도출하는 거야. 이를테면 자료조사의 목표가 '2021년 신제품 유통 전략'이었다면 '라이브 커머스가 대두되는 유통 환경의 변화에 맞춰 백화점, 아울렛 등의 전통적인 오프라인 채널에서 벗어나 온라인 쇼핑 마켓을 통한 유통이 필요하다'처럼 정리를 해보는 거지.

이후 완성된 최종 문서를 스스로 정리했던 자료조사의 결론과 비교해 보면 자료의 어느 지점에 주목해야 했는지, 그에 따라 어떻게 정리하면 좋았을지 돌이켜보는 좋은 참고가 될 수 있어.

시간을 절약해주는 자료조사 툴

자료조사를 진행할 때 워드나 엑셀과 같은 포맷을 활용해도 좋지만, 요즘은 활용하기 좋은 툴이 정말 많은 터라 이를 적절하게 이용하는 것도 좋을 것 같아. 다음에 직접 사용하면서 좋았던 세 가지 사이트를 정리했어. 한 번씩 사용해보면서 각자에게 잘 맞는 툴이 있다면 적극적으로 활용해 보는 것도 좋을 것 같아.

- **회사에서 창 켜두고 가볍게, 워크플로위 (https://workflowy.com)**

워크플로위는 메모장보다는 편리한 걸 원하지만, 에버노트나 노션처럼 다양한 기능까지는 필요 없는 막내에게 강력히 추천하는 플랫폼이야. 특히 자료조사의 구조를 어떻게 세워야 할지 막막할 때 자료를 나열하여 정리하는 과정에서 유용하게 사용할 수 있어. '#키워드'를 붙여 적어 두고 추후 해당 키워드만 검색하여 분류되는 자료를 보면서 구조를 구성해볼 수 있는 장점이 있거든.

그림 2.30 워크플로위

- **웹 화면과의 뛰어난 연동성, 에버노트 (https://evernote.com)**

  에버노트는 파일, 이미지, 텍스트를 자유롭게 붙여 사용할 수 있고 인터넷 기사를 연동하여 스크랩할 수 있는 기능이 있어 유용해. 그뿐만 아니라 [가져오기 폴더] 기능을 통해 PC 내의 특정 폴더와 함께 연동해 두면 해당 폴더에 저장된 파일이 자동으로 에버노트에 저장돼. 이처럼 호환성이 뛰어나고 사용 편의성이 좋아 자료조사뿐만 아니라 개인적으로도 여러 자료를 모아두는 데 좋은 사이트라 추천해.

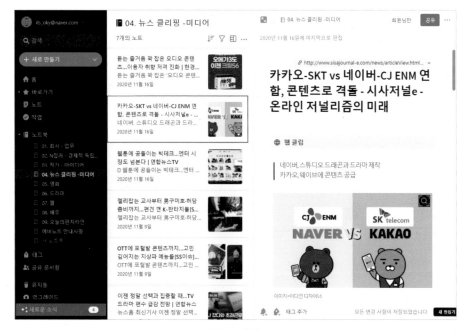

그림 2.31 에버노트

- 내가 원하는 디자인과 형식으로 정리 가능한, 노션 (https://notion.so)

노션(Notion)은 PC와 모바일에서 사용할 수 있는 메모장 형태의 사이트야. 깔끔한 인터페이스와 작성자가 표, 리스트 등의 UI를 직접 자유롭게 구성할 수 있다는 점에서 높은 인기를 얻고 있어. 자료 정리가 편리할 뿐 아니라 공유와 협업 기능도 있어 조사한 'raw data'를 함께 보고 싶은 사람과 공유하면 효율적인 커뮤니케이션이 가능하지. 이런 장점이 마음에 든다면 한번 사용해 보는 걸 추천해.

그림 2.32 노션

퇴고와 오탈자 점검

본문 내용 정리를 모두 마쳤다면, 마지막으로 퇴고와 오탈자 점검도 잊지 말자. 앞서 형식에 대한 중요성을 강조했던 것과 같이 아무리 훌륭한 내용이라도 오탈자가 많다면 자료에 대한 신뢰도가 떨어질 수밖에 없어. 그러니 레이아웃과 폰트 등을 가독성 좋게 알맞게 조정하고 오탈자가 없는지 꼭 체크하자. 맞춤법 검사는 다음 두 가지 방법을 이용해 쉽게 확인할 수 있으니 참고 부탁해! 언제나 좋은 내용은 형식과 마무리가 더해질 때 힘이 생긴다는 것을 염두에 두고 마지막 점검도 놓치지 않는 막내가 되자고.

■ **맞춤법 검사 방법 1. 네이버 맞춤법 검사기**

네이버에서 '네이버 맞춤법'이라고 검색하면 그림 2.33과 같은 검사기가 나와. 원문에 검사하고자 하는 글을 넣고 [검사하기] 버튼을 누르면 오른쪽 교정 결과를 통해 수정이 필요한 부분을 확인할 수 있어.

그림 2.33 네이버 맞춤법 검사기 교정 예시

■ **맞춤법 검사 방법 2. 한국어 맞춤법/문법 검사기**

한국어 맞춤법/문법 검사기(https://speller.cs.pusan.ac.kr) 사이트를 통해 다음 그림과 같이 교정이 필요한 부분을 확인할 수 있어. 네이버 맞춤법 검사기는 한 번에 최대 500자까지 검수가 가능하지만, 한국어 맞춤법/문법 검사기는 글자 수에 제한 없이 더 많은 글을 검수할 수 있어 장문의 글에는 이 도구를 활용하는 걸 추천해.

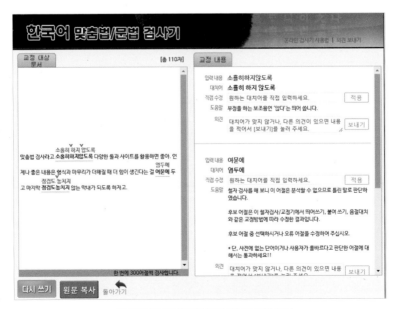

그림 2.34 한국어 맞춤법/문법 검사기 교정 예시

03

일보다
커뮤니케이션이
더 어렵다면

막내의 시각을 바꿔줄 직장 내 커뮤니케이션 3계명

막내의 하루는 언제나 고민과 선택의 연속이야. '이런 질문을 해도 될까? 그렇다면 어느 분께 해야 할까? 너무 바빠 보이는데 타이밍을 어떻게 잡아야 할까?' 하는 고민이 하루에도 몇 번씩 머리를 스치지. 이러한 과정이 부단히 반복되다 보면 열정으로 가득한 막내의 직장 생활도 지치기 마련이야.

물론 사회생활의 커뮤니케이션 방법에 이렇게 해야만 한다는 정해진 답은 없다고 생각해. 상사의 방식이 무조건 옳은 것도 아니고 막내의 방식이 부족한 것만도 아니야. 사람과 사람 사이의 관계는 단편적으로 이루어지지 않고 대화, 표정, 태도 등 여러 맥락이 연계되기 때문이지. 그로 인해 내가 생각하는 어떤 사람의 장점이 다른 사람에게는 단점으로 느껴질 수도 있고. 하지만 친구 사이가 아닌 직장이라는 조직에서 같은 목표를 향해 가는 동료라면 지켜야 할 선, 모두가 공감하는 좋은 태도는 어느 정도 존재해. 즉, **조직의 일원으로서 함께 성장하려면 분위기를 읽고 상대방의 니즈와 업무의 목적을 파악하는 스킬은 필수적이지.** 이번 챕터에서는 막내로서 더욱 더 능동적으로 일하고 현실적으로 겪는 일상의 소통 문제를 해결하는 데 도움이 되는 의사소통 방법에 관해 이야기해 보려고 해.

비언어도 커뮤니케이션임을 인지할 것

커뮤니케이션은 상호 간 대화를 나눌 때만 한정되는 부분이 아니야. 누군가와 대화하며 무신경하게 볼펜을 만지지는 않는지, 고개를 푹 숙인 채 어두운 표정을 짓고 있진 않은지, 뻣딱하게 선 채로 고개만 끄덕이고 있진 않은지 등 행동과 표정 등 태도와 그 태도가 만들어내는 공간적 분위기까지 커뮤니케이션의 일부라고 할 수 있거든.

예를 들어 말을 청산유수처럼 잘하지 못하는 막내라도 정확한 눈빛과 명확한 끄덕임을 보이면 '이야기를 잘 이해하고 있구나' 하는 의사를 충분히 전달할 수 있어. 반대로 말은 화려하지만, 대화 시 눈을 자꾸 피한다거나 부산한 행동을 보이는 막내의 경우엔 상대방에게 '지금 이 이야기를 듣기 싫어하는구나. 잘 이해한 걸까?' 하는 부정적인 생각을 심어줄 수 있거든. 만약 회사에서 특별한 이유 없이 누군가가 싫다면 그 사람의 비언어적 행동에 의해 영향을 받은 것일 수도 있어. 관계에 너무 많은 스트레스를 받는다면 이에 대해서도 한 번쯤 생각해보면 도움이 될 거야.

이러한 이유로 커뮤니케이션에 있어 단순히 말을 잘하려고 노력하는 것보다 듣는 태도부터 신경 쓰는 게 중요해. 나의 태도로 인해 불필요한 오해를 불러일으키지 않고 나아가 전달하고자 하는 핵심 의미를 정확하게 전달할 수 있도록 언어 외적인 부분까지 고려하자. 올바른 비언어적 커뮤니케이션의 예시를 몇 가지 소개하니 참고하면 좋을 것 같아.

> **TIP** 호감을 부르는 비언어적 커뮤니케이션 예시
>
> ■ **시선**
> - 상대방을 향한 신뢰를 표현하는 가장 기본적인 방법이다. 대화할 때는 시선을 피한다는 느낌이 들지 않게 적절하게 눈을 바라보고 이야기를 이어가는 것이 좋다.
> - 상사가 앉아 있고 내가 옆에 서서 피드백을 들을 때 상사가 자료를 보거나 컴퓨터 모니터 화면을 보면서 이야기를 하더라도 꾸준히 상사를 바라보는 것이 필요하다. 상사가 어느 한순간 고개를 돌렸을 때 시선이 집중되지 않는다고 느낀다면 커뮤니케이션의 신뢰가 떨어질 수 있기 때문이다.
>
> ■ **표정**
> - 웃는 얼굴까지는 아니라도 밝은 표정을 유지하는 것이 필요하다. 다만, 심각한 문제를 다루는 상황이나 여러 인원이 참석하는 큰 회의에서는 적절한 무표정도 나쁘지 않다.
>
> ■ **자세**
> - 서 있을 때는 상대방을 향해 약간 기울인 자세를 유지하고, 앉아 있을 때는 등을 의자 뒤에 편하게 기대기보다 허리를 세워 테이블 앞쪽으로 기울이는 것이 좋다. 상대방을 향한 관심의 표현이자 막내로서 긴장된 텐션을 유지하는 게 더 적극적인 태도로 다가갈 수 있기 때문이다.

상대방에게 좋은 인상을 남기려 애쓰기보다 실질적인 도움을 줄 것

건강하고 긍정적인 관계를 유지하는 것은 함께 일하는 동료 사이에 중요한 일이야. 하지만 그 이상으로 좋은 인상을 남기고 싶어서 무리하게 애쓰지는 않아도 돼. 이와 관련해 나의 삶에 큰 영향을 준 도서 중 하나인 『미라클 모닝』(한빛비즈, 2016)의 구절을 인용하고 싶어.

사람들에게 좋은 인상을 남기려 애쓰지 마라.
오직 그들의 삶에 가치를 더하는 방법에 집중하라.

좋은 사람으로 기억되고자 필요 이상으로 노력하지 말자. 차라리 어떻게 하면 상사의 지시에 부합하는 더 좋은 보고서를 올릴 수 있을까, 힘들어하는 후배에게 실질적으로 도움이 되는 조언은 무엇일까를 고민하고 내 자리를 정리하는 김에 옆 사수 자리 밑에 떨어진 종이를 치우는 것처럼 간단하지만, 업무적으로나 실질적으로 그들의 삶에 도움이 될 수 있는 가치를 더하는 일에 집중하는 거야. 인간적인 친구가 되려고 하기보다 필요한 동료가 되는 방향으로 나아가면 돼. 그것이 조직의 구성원이 궁극적으로 원하는 바거든. 그리고 나아가 '내가 이렇게 했으니 너도 이렇게 해야 해' 하는 식의 피드백을 기대하지 마. 당장 눈앞에 보이지 않아도 천천히 쌓이고 쌓여 너에게 언젠가 좋은 결과로 돌아올 거니까.

대화하는 상대방의 성향과 상황을 생각해 볼 것

한 조직 구성원들의 성향은 대체로 유사할 수 있어. 선호하는 인재상이 존재하고 함께 일하는 동료와 밸런스를 생각해서 선발되기도 하니까. 하지만 더 세부적으로 들여다보면 사실 모두 다른 개성을 지닌 다양한 사람들이 모여 있지. 그래서 나에게 좋은 커뮤니케이션 방법이 다른 사람에게는 아닐 수 있고 나로서 최선의 호의를 보인 표현이 다른 사람에겐 그렇게 받아들여지지 않을 수 있는 거야.

따라서 조직의 일원으로 커뮤니케이션을 할 때는 상대방이 어떤 사람인지 성향을 파악해보는 것이 필요해. 무조건 상대방에게 맞춰가라는 게 아니라 상대방에게 필요한 게 무엇일지 한 번쯤은 반대의 입장에서 생각해 보는 거지. 예를 들어 상사에게 이해가 안 되는 피드백을 받았다면 당장 불만을 느끼기보다 '왜 이런 피드백을 주셨을까'를 생각해보는 거지. 이런 과정을 통해 특정 사람에게서 벗어나 객관적인 상황을 파악할 수 있게 되고 네 안의 부정적인 감정도 한층 완화돼 일을 수행하는 데도 도움이 될 거야.

질문부터 거절까지, 이럴 땐 이렇게 답하기

질문할 때

막내는 질문이 많을 수밖에 없어. 이때 무작정 "이건 어떻게 할까요?"와 같은 질문이 가장 나쁜 질문 방법이야. 왜냐하면 이런 방식은 무조건적인 해결책을 바라는 것처럼 책임감 없는 태도로 비칠 수 있거든. 또한 이는 질문을 하는 본인에게도, 질문을 받는 상사에게도 더 빠르고 바람직한 방향의 솔루션을 내는 데 도움이 되지 않아. 그래서 다음과 같이 올바른 커뮤니케이션을 위한 질문 방법을 소개할게.

- 전달자가 아닌 ① **주체자**로서 질문하기
- 질문을 하는 ② **핵심 이유** 언급하기
- ③ **본인이 생각한 의견**을 곁들여 본론 이어가기

질문은 전달자가 아닌 주체자의 태도로 명확하게 하는 게 필요해. 예를 들어 '다른 부서 또는 다른 업체에서 이런다더라' 식의 전달체로 이야기하는 게 아니라 '다른 부서에서 이런 피드백을 받았는데 제 생각은 이렇다'는 방향으로 주체성 있게 질문하는 거지.

여기에 질문하는 핵심 이유를 같이 설명하면 돼. 문제가 되는 사건이라면 발생 이유, 본인이 모르는 사안이라면 그 부분에 대해 정확히 알지 못한다는 사실을 함께 이야기하는 거야.

마지막으로 이 질문을 해결하고자 본인이 생각한 의견을 함께 이야기하면서 선배에게 의견을 구하면 베스트야. "어떻게 할까요?"가 아니라 "제 생각은 이런데, 선배 생각이 궁금합니다"의 태도로 다가가야 선배도 더 좋은 의견과 다음 플랜을 생각하는 데 도움이 돼.

【 요약 예시 】

일반 막내	**김사원:** 대리님, A사에서 연락이 와서 기간을 맞추기 어렵다고 하는데요. 어떻게 하는 게 좋을까요?
	최대리: OO 제작 건으로 의뢰했던 A사 말하는 거죠? 기간을 맞추기 어려운 이유가 뭔가요?
일잘러 막내	**김사원:** [① **주체자로서 질문**] 대리님, OO 제작 건으로 의뢰했던 A사에서 방금 기간을 맞추기 어렵다고 연락 주셨는데요. [② **핵심 이유**] 공장에 문제가 생겨 일주일간 생산이 중단돼서 어렵다고 하시더라고요. [③ **본인의 의견을 더한 본론**] 우선 다른 공장이 없을지 문의는 드려 놓은 상태인데, 어떻게 하는 게 좋을까요?
	최대리: 일단 이번 주까지 문의해 놓은 다른 공장 가능 여부 확인받으면 바로 보고해주고요. 그 사이 저도 팀장님께 보고 드리고 다른 플랜을 생각해 볼게요.

표 3.1 일반 막내 vs. 일잘러 막내의 질문 비교

회의 시 의견을 말할 때

회의 때는 너무 많은 말을 하지 않아도 돼. 특히 커뮤니케이션에서는 양보다 질에 집중하면 좋아. 그러니 불필요하게 말을 많이 해서 나를 어필하려고 하기보다 하나를 하더라도 필요하고 도움이 되는 의견을 내는 데 집중하도록 하자.

- ① **서두에 명확한 의견** 제시하기
- 의견에 대한 ② **핵심 이유** 언급하기
- 기타 다른 ③ **추가 의견이 있다면** 앞서 말한 핵심 이유와 연계하여 덧붙이기

의견을 제시할 때는 중심이 되는 의견을 서두에 명확하게 말하고, 그렇게 생각하는 이유를 덧붙이자. 중요한 이야기를 뒤에 할수록 듣는 사람들의 이해도가 현저히 떨어지기 때문에 의식적으로라도 처음 입을 뗄 때 가장 핵심을 말하는 연습을 하는 게 중요해.

부가적으로 이야기하고 싶은 기타 의견이 있다면 중심 의견과 관련하여 뒷받침하는 긍정적인 의견 또는 반대되는 부정적인 의견으로 정리해서 표현하는 게 좋아. 핵심이 되는 의견과 상관없는 말이라면 굳이 하지 않아도 되는 사족이 될 수 있으니까. 또한 굳이 중립적인 의견을 내는 건 추천하지 않아. 매 순간 수많은 의사결정을 해야 하는 업무에 있어 중립은 실질적으로 크게 도움 되는 의견이 아니기 때문이야.

【 요약 예시 】

일반 막내	**최대리:** A 안건에 대해 김사원은 어떻게 생각해요? **김사원:** 우선 나쁘지는 않았는데, OO면에선 좋겠지만 △△면에서는 좀 위험할 것 같습니다.
일잘러 막내	**최대리:** A 안건에 대해 김사원은 어떻게 생각해요? **김사원:** [① **서두 의견 제시**] 저는 OO면에서 괜찮은 전략이라고 생각했습니다. [② **핵심 이유**] 왜냐하면 △△하기 때문입니다. [③ **핵심 의견과 연계한 추가 의견**] 다만 △△ 측면에서는 위험성이 있을 것 같아 A안으로 진행하게 된다면 이를 보완할 필요가 있다고 생각합니다.

표 3.2 일반 막내 vs. 일잘러 막내의 회의 시 의견 비교

보고할 때

보고는 타이밍이 중요해. 만능처럼 보이는 상사도 우리가 하고 있는 일을 세세하게 알지 못할 때가 많아. 다시 말하면 상사는 너에게 맡긴 일이 어떻게 진행되는지 궁금할 수 있어. 너의 상황까지 모두 다 알아서 헤아리기란 불가능하거든. 그렇기 때문에 상사를 기다리게 하지 말고, 맡은 일이 있으면 주기적으로 먼저 보고하는 습관을 들이도록 하자.

- 상사가 묻기 전에 ① **먼저** 보고하기
- ② **팩트에 의견을 더해** 보고하기

보고는 가능한 한 빠르게 하는 게 좋아. 상사도 어떤 사건에 대응하거나 문제를 해결할 시간이 필요하거든. 정답 자판기처럼 즉각적으로 솔루션을 낼 수 있는 게 아니기 때문에 애매하거나 헷갈린다면 즉시 보고하는 게 맞아. 특히 일의 방향성이 바뀔 시 반드시 먼저 보고하고 상의해야 해. 하다 보니 C 방향보다는 D 방향으로 하는 게 맞을 것 같다는 생각이 든다고 해서 멋대로 D 방향으로 정리하기보다는 사전 보고를 통해 '이러한 이유로 D 방향이 더 좋을 것 같은데 이렇게 진행해도 괜찮을지' 의견을 구해야 해.

그리고 모든 보고에는 의견을 더하는 게 필요해. 'A라더라' 같은 전달체가 아니라 'A입니다. A가 더 좋을 것 같습니다. A업체에서 이런 의견을 주었고, 저는 이렇게 생각합니다.'처럼 주체적으로 말이야.

【 요약 예시 】

일반 막내	**최대리:** 김사원, A건은 회신 왔나요? **김사원:** 아직 안 왔는데 한번 확인해 보겠습니다.
일잘러 막내	**김사원:** [① **먼저 보고**] 대리님, 지난주 말씀하신 A건에 대해서는 B업체에게 아직 회신을 받지 못한 상태인데요. 이번 주까지는 회신이 필요하다고 한 번 더 말해 두었습니다. [② **의견 더하기**] 혹시 어려울 경우를 대비해 다른 업체도 컨택해 보는 게 좋을까요? **최대리:** 그게 좋을 것 같아요. 이번 주까지 기다렸다가 다음 주에 컨택하기에는 기간이 너무 오래 소요될 것 같아서요. 우선은 다른 업체도 두세 군데 추가 컨택 부탁해요.

표 3.3 일반 막내 vs. 일잘러 막내의 보고 비교

본인 생각과 다른 피드백을 받았을 때

막내 때는 피드백의 연속이라고 할 수 있지. 이때 예상한 것과 다르거나 원하지 않는 부정적인 피드백을 많이 받을 수 있어. 이로 인해 감정이 상할 수도 있지만, 이야기를 듣는 그 자리에서 '그것이 아니다'라거나 '내가 생각한 바는 이렇다' 등 감정적인 설명을 덧붙이지 않는 게 좋아. 상사는 신경을 써서 이야기해 준 것인데, 변명하듯 비칠 수 있거든. 이럴 경우 서로의 감정이 불필요하게 상할 수 있어 좋은 커뮤니케이션의 방향이라고 할 수 없어. 피드백을 받는 상황에서는 다음 두 가지를 꼭 기억하자.

- 피드백을 듣는 그 자리에서 ① **변명하지 않기**
- 해당 피드백의 이유가 ② **납득이 되지 않으면 추후 의견을 더해 솔직하게 묻기**

가끔은 상사의 방향이 틀리고 내 생각이 맞을 수도 있지만, 우선은 한 걸음 물러서서 생각해보는 걸 추천해. 아니라는 생각이 들어도 일단 듣고 '왜 이런 피드백을 했을까'를 생각해보는 시간을 가져보는 거야. 그리고 나서도 정말 이해가 되지 않을 땐 그때 고민을 정리해서 질문하는 게 좋아. 상호 간 시간적 여유를 두는 게 감정적이지 않고 옳은 방향의 커뮤니케이션을 하는 데 더 도움이 될 거야.

【 요약 예시 】

일반 막내	최대리: 김사원, 이건 A방향으로 다시 정리하는 게 좋을 것 같아요. 김사원: 그게 사실은 유사한 과거 자료를 보니 B안으로 정리했던 게 있어서 참고한 건데 바꾸는 게 좋을까요?
일잘러 막내	최대리: 김사원, 이건 A방향으로 다시 정리하는 게 좋을 것 같아요. 김사원: [① **변명하지 않기**] 네, 알겠습니다. (생각과 검토의 시간을 거친 후) [② **추후 이해가 되지 않는 부분에 대해 질문**] 대리님, 말씀하신 A방향에 대해 정확하게 이해가 잘 가지 않는데, OO한 이유에서 그렇게 말씀하신 게 맞을까요?

표 3.4 일반 막내 vs. 일잘러 막내의 본인 생각과 다른 피드백을 받았을 때 비교

거절할 때

막내라고 시키는 걸 무조건적으로 다 할 수는 없고, 그럴 필요도 없어. 한정된 시간 안에서 정말 어려울 것 같을 때는 거절도 할 수 있어야 해. 거절할 때 커뮤니케이션의 핵심은 다음 세 가지야.

- ① **서두에 거절** 의사 밝히기
- [할 수 없다면] ② **이유 및 대안 제시하기**
- [할 수 있을지 바로 판단하기 어렵다면] ③ **답변을 유예하기**

할 수 없는 상황에서 하겠다고 했다가 기한을 못 지키면 그건 더 큰 문제가 될 수 있어. 그래서 물리적으로 할 수 없을 거라고 판단되는 경우에는 상사가 이해할 수 있도록 거절의 이유와 함께 의사를 명확하게 표현하는 게 필요해. 또한 단순히 거절에서 끝나는 게 아니라 역으로 새로운 일정을 제시하는 등 구체적인 대안을 함께 점검받으면 훨씬 더 좋아.

할 수 있을지 없을지 판단이 서지 않는다면 우선 답변을 유예하는 것도 하나의 방법이 될 수 있어. 지금 당장 진행해야 하는 급한 일인지를 먼저 여쭤본 후, 아니라면 지금 하는 일을 마무리하고 일정을 확인한 후 정확하게 다시 말씀드리는 편이 좋아. 이런 방식은 상사에게도 선택지를 제공해줄 수 있어.

예를 들어 데드라인이 빠듯하다면 여유가 되는 다른 사람에게 맡길 수 있고, 기한이 충분하다면 더 많은 시간을 허락해줄 수 있거든. 이런 작은 여지가 효율적인 의사소통을 만들어가는 과정에서 아주 중요해.

【 요약 예시 】

일반 막내	**최대리**: A건 1차 자료조사 줬던 것 OO 부분 추가해서 내일 오후까지 부탁해요.
	김사원: 넵! (뭐야… 지금 나 다른 거 하고 있는데, 다 할 수 있을까?)

	하기 어려울 것 같다는 판단이 든다면: 거절 의사 및 대안 제시
일잘러 막내	**최대리:** A건 1차 자료조사 줬던 것 OO 부분 추가해서 내일 오후까지 부탁해요.
	김사원: [① **서두 거절 의사 밝히기**] 대리님, 죄송하지만 그 건은 내일 오후까지는 힘들 것 같습니다. [② **이유 설명 및 대안 제시하기**] 지금 하고 있는 B건을 내일까지 완료하는 일정인데 시간 맞추기가 빠듯할 것 같아요. 데드라인이 촉박한 게 아니라면 다음 주 월요일 정도까지 드려도 괜찮으실까요?
	할 수 있을지 잘 모르겠다면: 답변 유예
	최대리: 김사원님, A건 1차 자료조사 줬던 것 OO 부분 추가해서 내일 오후까지 부탁해요.
	김사원: 대리님, 혹시 아주 급한 건인가요? [③ **답변 유예**] 바로 해야 하는 것이 아니라면 지금 하는 업무부터 더 마무리하고 정확하게 말씀드리겠습니다.

표 3.5 일반 막내 vs. 일잘러 막내의 거절 시 답변 비교

막내의 '사람 BY 사람' 커뮤니케이션

제품이나 서비스 기획을 할 때 시장에 어느 위치를 목표로 할 것인가에 대한 목표를 세우는 걸 포지셔닝이라고 하지. 이러한 포지셔닝은 커뮤니케이션에서도 필요하다고 생각해. 어떤 사람과 대화하느냐에 따라 대화의 핵심 내용과 톤앤매너가 달라지기 때문에 각각 상황에 맞춰 세부적인 목표를 세워보는 거야. 막내로서 크게 사수(직속 선배)와 팀장님(직속 선배 이상의 상급자), 그리고 후배까지 세 가지 경우로 나눠 어떻게 포지셔닝을 잡고 대화를 이끌어 나가면 좋은지 설명해 볼게.

사수(직속 선배)와 커뮤니케이션할 때

회사에서 막내와 가장 많이 소통하는 사람은 직속 선배야. 이 사람들은 대개 사수나 선배의 역할을 하면서 동시에 실무를 가장 많이 뛰는 조직의 핵심일 때가 많아. 이처럼 늘 일이 많은 선배에게 막내는 '도움 되는 사원'으로 포지셔닝하는 게 필요해.

- **막내의 포지셔닝:** 진짜 일에 도움 되는 존재
- **커뮤니케이션의 핵심:** 사수의 업무 스타일 파악

진짜 일에 도움이 되는 존재는 예를 들어 이런 거야. 업무적인 면에서 선배가 수정하는 사항이 많지 않도록 초안을 충실하게 작성해 올리는 것, 그래서 잦은 오탈자와 서식에 맞지 않는 보고서 등으로 사소한 짜증을 유발하지 않도록 하는 거지.

이를 위해 또한 선배의 업무 스타일을 파악하려는 자세를 가져보는 것도 좋아. 통화부터 참조(CC)되어 오고 가는 메일의 커뮤니케이션 과정, 팀장 등 윗선에의 보고 방식까지 모든 부분을 잘 살펴봐. 그렇게 스타일에 대한 감각을 갖게 되면 초안을 작성하거나 보고를 올릴 때 선배의 시각에서 스스로 점검해볼 수 있거든. 이를 반복하다 보면 업무 스타일에 대한 감을 찾을 수 있고 선배와의 신뢰도 쌓을 수 있어.

팀장(직속 선배 이상의 상급자)과 커뮤니케이션할 때

막내가 실무 책임자인 팀장 이상의 직군과 직접적으로 커뮤니케이션하는 일은 그리 많지는 않아. 하지만 팀 전체 회의에 참여하거나 간단한 리서치 등이 필요한 상황에서는 소통할 수 있어. 이때 중요한 건 빠르게 필요한 것을 정리하고 명확하게 본인의 의견을 제시하는 거야. 그러면 막내로서의 성실성과 태도를 확실하게 보여줄 수 있고, 드러낸 의견에서 나만의 개성과 장점을 어필할 수 있거든.

- **막내의 포지셔닝**: 뚜렷한 장점이 있는 조직에 필요한 막내
- **커뮤니케이션의 핵심**: 빠른 정리 능력과 뾰족한 의견 제시

이를 말로 표현하지 않더라도 작성한 문서를 통해 뾰족한 아이디어를 보여주면 '이 친구는 이런 장점이 있구나' 생각하게 되지. 남들과 똑같거나 이도 저도 아닌 중간의 의견보다는 너만 생각할 수 있는 솔직한 아이디어일 때 더 효과적이고 좋은 아이디어일 수 있으니 이를 꼭 생각하면 좋겠어. 이렇게 되면 조직을 운영하고 이끄는 상사 입장에서 이 친구는 필요한 구성원이라고 느껴지게 만들 수 있어.

후배와 커뮤니케이션할 때

영원한 막내가 되란 법은 없지. 막내인 너도 새로운 막내인 후배를 맞이하는 순간이 언젠가는 올 거야. 상대적으로 경험이 적기 때문에 어떤 면에서 후배와의 커뮤니케이션은 선배보다 어려울 수 있어. 이때 중요한 건 후배의 의견을 충분히 듣고 눈높이에 맞는 조언을 할 수 있어야 한다는 거야.

- **막내의 포지셔닝**: 경청할 줄 아는 선배
- **커뮤니케이션의 핵심**: 6:4의 법칙

대개 선배가 되면 할 말이 자연스레 많아지기 마련이야. 하지만 정말로 필요할 때는 후배에게 발언권을 넘겨 충분히 듣는 것도 필요해. 여기서 6:4의 법칙을 적용해 후배가 60%의 비중으로, 내가 나머지 40%의 비중으로 이야기하면 좋아. 예를 들어 어떤 보고 자료의 방향성이 잘못되었다면 왜 이렇게 진행했는지 먼저 이유를 말할 기회를 주는 거야. 이런 과정을 통해 내 생각도 정리하는 시간을 가질 수 있고 후배를 존중하는 느낌을 줄 수 있어. 궁극적으로는 같은 피드백을 주더라도 경청할 때 후배를 더 능동적인 방향으로 움직일 수 있어.

또한, 어떤 질문을 받았을 때 상대방이 이해할 수 없는 용어를 사용한다거나 중간 단계를 건너뛰고 설명한다거나 하지 않고, 피드백은 쉽고 간결해야 해. 그뿐만 아니라 같은 막내를 겪었을 때 가장 불편했던 것, 궁금했던 것을 생각해서 먼저 이야기해준다면 후배는 나를 너무 어렵지 않은 사람, 자기와 다르지 않은 선배라고 생각하게 되고 이를 통해 더 많은 소통을 할 수 있다는 것도 잊지 말고!

04

프로젝트 협업을
제안할 외부 업체를
찾으려면

바야흐로 지금은 협업의 시대야. 작게는 회사 내 다른 부서부터 넓게는 직종과 직무를 막론한 다양한 외부 업체와의 콜라보레이션까지 업무의 많은 부분에서 공동 프로젝트가 진행될 수 있어. 이번 장에서는 이렇듯 협업의 토대가 되는 업체 찾기와 실전 컨택처럼 별것 아닌 듯 보이지만 실제로 해보면 쉽지 않은 부분에 대해 정리했어. 단계별로 필요한 부분을 참고하면서 실제 업무에 적용해보면 도움이 될 거야.

어떤 업체를 컨택해야 할까: 후보군 리스트업

성공적인 협업의 첫걸음은 컨택에서 시작해. 실제 담당자와 구체적인 협업의 내용이 잘 구성되려면 협업을 위해 필요한 업체를 선별하고 컨택하는 과정에서부터 토대가 잘 마련되어야 하거든. 특히 막내는 이 단계에서 컨택할 업체 선정과 제안서 작성 등 프로젝트의 초반 업무를 맡는 경우가 많지. 어떻게 하면 협업하기 좋은 업체를 선별할 수 있을까?

■ 협업을 제안할 업체 후보군 설정 단계

1단계: 협업의 목표 확인하기

2단계: 업체군 카테고리화하기

3단계: 카테고리별 세부 업체 리스트업하기

모든 업무의 기본이 리서치이듯, 협업 업체를 컨택하는 것 또한 사전 조사가 필수야. 하지만 이런 리서치를 막연하게 시작하면 불필요하게 시간을 많이 소요할 수 있으니 정확한 목적을 확인하는 게 필요해. 이를 위해 위와 같이 크게 3단계로 나누어 사전 조사를 진행하면 시간을 절약하면서도 명확하게 원하는 바를 얻을 수 있는 커뮤니케이션이 가능해. 그럼 1단계부터 차근히 알아보도록 할게.

1단계: 협업의 목표 확인하기

먼저 리서치를 시작하기 전에 무엇을 위해, 왜, 누구를 대상으로 협업하는지 목표를 상기해볼 필요가 있어. 또한 문서를 통해 정확한 방향을 적어 두는 걸 추천해. 그래야 업무의 모든 과정에서 핵심을 놓치지 않을 수 있거든. 메모장이든 엑셀이든 원하는 폼(form)으로 [A 프로젝트 협업]이라는 제목의 파일을 만들어서 목표를 적어보자. 예를 들어 우리 회사가 반려동물 사료를 새롭게 런칭하는 과정에서 이를 알리기 위한 협업이 필요한 상황을 가정하고 진행해 볼게.

- **협업의 목표**
  - **이슈**: 반려동물 사료 런칭 (12월 초 예정)
  - **목표**: 반려인 대상 신제품 인지도 제고
    → 동종업계 내 사료 신제품 매출 TOP5 런칭하기
  - **시즌**: 2022 겨울 (11월~12월)
  - **타깃**: 반려인 (1인 가구, 가족)

위와 같이 앞으로 진행할 핵심 이슈, 달성해야 할 구체적인 목표, 그리고 이를 위해 고려해야 할 시즌과 타깃의 4가지를 포함해 요약하면 협업의 목적을 명확하게 정리할 수 있어. 하고 싶은 니즈가 있어도 시즌이 맞지 않거나 우선순위에서 밀리는 등과 같이 다른 이슈가 있다면 성사되기 어려울 수 있으므로 처음부터 위와 같은 고려 사항들을 정확하게 확인하고 협업을 시작하는 게 좋아. 회의 때 나왔던 주요 의제들을 상기하면서 스스로 적어보되, 정확하게 파악하기 어렵거나 헷갈린다면 사수에게 여쭤보고 정리하도록 하자.

2단계: 업체군 카테고리화하기

협업의 목적에 대한 정리가 끝났다면 그에 맞는 업체군의 카테고리를 선별하는 과정이 필요해. 협업을 시작하면서 바로 특정한 세부 업체를 찾기보다 해당 업체를 아우르는 상위 카테고리를 정하고 그에 맞는 다양한 업체들을 찾아 리스트업하면 좀 더 넓은 시야를 갖고, 균형 잡힌 협업을 추진하는 데 도움이 될 수 있으니까.

적합한 업체군을 찾기 위해서 포털 사이트 등을 통해 목표, 시즌, 타깃을 고려한 알맞은 키워드를 다양하게 검색해. 그리고 이를 기반으로 나온 검색어들을 공통으로 아우를 수 있는 상위 개념으로 묶어 카테고리화해보는 거야.

그림 4.1 포털 사이트 검색을 통해 관련 키워드 추출하기

예를 들어 반려동물 업체와의 협업을 위한 카테고리화 과정을 거친다고 가정해보면 먼저 '반려동물', '간식', '가구', '장난감', '강아지 미용', '고양이 호텔' 등으로 검색해볼 수 있겠지. 여기서 '사료'와 '장난감', '가구' 등은 생활용품 카테고리로, '미용'과 '호텔' 등은 관리 카테고리로 정리할 수 있어. 이렇듯 핵심 키워드를 기준으로 사람들이 가장 많이 검색하는 정보 가운데 연계성이 높은 것들을 러프하게 찾아보고 상위 개념을 묶어 업체군을 선정하는 거야.

3단계: 카테고리별 세부 업체 리스트업하기

업체군에 대한 카테고리화가 끝났다면 이번엔 직접적으로 컨택할 세부 업체를 찾아보는 단계야. 크게 반려동물 사료와 가구 등의 생활용품 업체, 미용과 호텔을 포함하는 관리 업체, 그리고 반려인을 주 타깃 시청 층으로 하는 동물 관련 예능 A와 개봉 예정인 영화 B 같은 미디어까지 포함, 최대한 커버리지를 확대할 수 있게 카테고리 설정을 완료하는 거지.

이 작업을 완료했다면 이제 각 카테고리에 맞는 세부 업체 후보군을 리스트업해야 해. 크게 다음과 같은 세 가지 기준을 활용하면 좋아.

- **해당 카테고리에서 가장 규모가 큰 대표 업체**

  큰 규모를 가진 업체인 만큼 그들의 오프라인 유통망과 온라인 소통 채널(페이스북, 인스타그램 등)을 통해 노출을 확대하기 용이하다는 장점이 있어.

- **최근에 신제품을 런칭했거나 마케팅 캠페인을 진행하는 업체**

  최근 제품을 런칭했다면 최소 얼마를 팔아야 한다는 성과 목표가 있을 거야. 즉 상품을 판매하려는 니즈가 충분하다는 이야기지. 해당 상품과 우리 브랜드의 협업 목표를 잘 연결해 제안하면 응답률을 높일 수 있을 거야.

- **우리 브랜드 또는 제품과 콘셉트가 잘 맞는 업체**

  앞의 두 기준이 충족되지 않더라도 콘셉트가 잘 맞는 업체와 협업이 성사되면 원하는 타깃을 정확하게 공략하는 데 도움이 돼. 예를 들어 회사의 아이덴티티가 '자연주의'라면 반려동물 제품 역시 유기농 사료 업체와 협업하는 것이 시너지를 높일 수 있는 방법이지.

구분		업체명	내용	담당자	진행상황	비고
반려동물	식품	A	#A업체 공동 프로모션 - 신제품 사료 + 간식 세트 상품 출시 - A업체 유통 체인 활용 홍보 (온/오프라인)	김대리 010-1234-5678/ daeri@a.co.kr	검토중	기타사항
		B	...	이사원 010-XXXX-XXXX/ sawon.b.co.kr	드롭	일정 불가
	생활용품	C	#C업체 공동 프로모션 - C가구 구매 반려인 대상 신제품 사료 제공 - 오프라인 매장 내 신제품 사료 홍보물 노출	...	검토중	-
		D		...	...	긍정협의중	이벤트 진행 규모 세부 검토중
	관리	E	#E업체 공동 광고 - E강아지 호텔 온라인 영상 광고 공동 제작 (영상 내 신제품 사료 노출) - E강아지 호텔 SNS 활용 신제품 사료 이벤트 진행		미회신	-
		R	...		검토중	-
반려인	미디어	라이브 커머스 A	#A커머스 판매 - A커머스 채널 내 신제품 사료 판매 프로모션 진행	김작가 010-XXXX-XXXX/ smile@a.co.kr	검토중	
		영화 B	...	홍보팀 010-XXXX-XXXX/ movie@a.co.kr	미회신	-

그림 4.2 카테고리별 세부 업체 리스트업

리스트업한 표에 비고란을 만들어 각 컨택의 중간 상황에 대해 메모하면 한눈에 파악하기 쉬워. 또한 진행해 가면서 드롭하기로 결정된 업체들은 짙은 회색 등의 별도 표시를 통해 진행 중인 다른 업체들과 구분해 두면 좋아.

마지막으로 리스트업하는 데 적합한 업체의 수는 카테고리별로 2~3개 정도가 적당해. 너무 많은 업체를 포함할 필요는 없어. 위의 기준에 맞는 적당한 업체를 3곳 정도 정하여 컨택하면 대개 1곳에서 긍정적인 회신이 오는 편이거든. 물론 모두 거절당할 때도 꽤 있는데, 그럴 땐 이후 다른 업체들을 추가로 찾아 제안하거나 다른 카테고리에 조금 더 중점을 두고 진행하는 게 효율적이야.

해당 업체와 무엇을 할 것인가: 컨택 전 필수 체크리스트

협업할 업체의 리스트 구성이 완료되었다면 구체적으로 해당 기업과 무엇을 협업할 것인지 내용을 구성해야 해. 대충 '이 기업과 이걸 해보면 좋겠다'라는 생각 정도로 접근하면 성사되지 않을 가능성이 크기 때문에 상대방의 니즈와 상황을 고려해 가능하면 구체적으로 정리하는 게 필요해.

이때 협업을 제안하고자 하는 기업이 최근 어떤 활동을 하고 있으며 우리 기업의 니즈가 해당 업체의 궁극적인 목표와 맞닿아 있는지 충분히 조사하는 것은 필수야. 해당 기업의 3개월간의 주요 동향, 상품 리스트, 유사한 이벤트 사례 등을 조사하면 어떤 사안을 중심으로 어필하는 게 좋을지 파악하기 좋아. 다음과 같은 체크리스트를 참고하도록 하자.

체크리스트 1: 기업의 목표와 비전

제안하고자 하는 기업의 공식 홈페이지 또는 SNS를 검색해보면서 해당 기업의 목표와 비전은 무엇인지, 어떤 캐치프레이즈를 갖고 있는지 확인하면 좋아. 다음 예시를 보면 하림펫푸드의 경우 감미료, 화학 방부제와 같은 첨가물이 들어가지 않은 건강한 사료를 만드는 게 브랜드의 핵심 가치이자 목표라는 걸 확인할 수 있어. 만약 협업을 제안하고 싶다면 이러한 부분을 고려해 이유를 명확하게 전달하여 커뮤니케이션하는 게 좋아. 이를테면 우리 제품 또한 건강한 원료를 추구한다는 점에서 하림펫푸드와 접점이 있다거나 타깃이 겹친다는 점 등을 이유로 삼아 제안하는 거지. 담당자 또한 우리 제품에 대한 이해를 높일 수 있고, 제안을 수락 여부를 빠르게 판단하는 데 도움이 되거든.

그림 4.3 기업의 목표와 비전 예시 페이지 (출처: 하림펫푸드 홈페이지)

체크리스트 2: 기업의 3개월 동향

최근 3개월간 해당 기업의 이름으로 어떤 기사가 노출되었는지 찾아보는 것도 중요해. 홍보팀에서 공식적으로 릴리즈한 자료 또는 매체가 분석한 동향을 살피면서 흐름을 살펴보는 거야. SNS 해시태그 검색을 통해 특정 제품을 주력해서 알린다거나 핵심적인 캠페인으로서 진행하는 건 없는지 등 전반적으로 훑어보자. 이 과정에서 협업 목표와 연계한 키워드를 생각해보고 다음과 같이 활용하면 설득 과정에서 의도를 정확하게 전달하고 어필하는 데 도움이 돼.

그림 4.4 기업의 최근 동향 검색 예시 (출처: 네이버 기사)

예를 들어 위와 같이 반려동물 식품 관련 '하림펫푸드'와의 협업을 위해 동향을 살펴본다고 가정해 볼게. 포털사이트 기사 검색을 통해 최근 진행한 캠페인, 이벤트, 프로모션 등을 전반적으로 살펴보는 거야. 그림 4.4의 예시처럼 반려동물 가족을 위한 특정 오프라인 공간을 열고 이벤트를 진행한 걸 알 수 있어. 현재까지도 해당 공간이 지속해서 운영되는 게 맞다면 함께 협업을 해봐도 좋을 테니 다음과 같이 제안해 볼 수 있겠지.

■ **상황 1. 제안 시 찾은 키워드를 활용해 협업 목표 이야기하기**

최근 [반려동물 가족을 위한 공간(기업 동향을 검색하여 찾은 키워드)] 관련 이벤트를 진행하시는 것이 인상 깊었습니다. 이와 유사하게 또 다른 방향으로 연계해보면 좋을 마케팅을 제안드리고 싶어 연락 드렸습니다.

또는 협업을 제안하는 과정에서 상대 담당자가 역으로 우리 브랜드의 목표나 방향성에 대해 먼저 질문할 때도 있어. 이럴 경우엔 다음과 같이 응대하면 협업 목표에 대한 이해도와 몰입도를 높일 수 있어.

■ **상황 2. 제안 과정에서 협업 목표에 대한 질문에 답변하기**

저희는 이번 시즌 새롭게 출시를 앞둔 [사료 A 신제품(협업을 제안하는 핵심 제품 또는 서비스)]을 알리기 위해 마케팅을 준비하고 있습니다.

관련하여 여러 사례를 찾아보던 중 최근 [B 활동(협업을 제안하고자 하는 업체의 마케팅/PR 활동 가운데 우리 제품의 콘셉트와 맞닿은 부분이 있는 활동)]을 진행하신 것이 인상 깊어 연락 드렸습니다.

저희 브랜드와 [콘셉트와 타깃이 잘 맞고(협업을 제안하는 이유)] 시너지를 낼 수 있을 거라 생각해 이번 시즌 협업을 제안드리고 싶습니다.

일을 제대로 하는 사람이라면 해당 프로젝트를 왜 해야 하는지, 어떤 점에서 도움이 될지 파악하는 게 가장 우선순위이기 때문에 이런 부분에 대해서 간결하고 명확하게 전달한다면 결과적으로 원하는 방향으로 커뮤니케이션을 이끄는 데 도움이 돼.

체크리스트 3: 기업의 유통 채널

협업을 제안하고자 하는 업체가 유형의 제품을 오프라인상에 판매하는 곳이라면 그것이 판매되는 유통 채널이 어디인지 파악하는 게 필요해. 왜냐하면 해당 기업의 유통 채널을 활용한 협업 사항을 제안할 수 있기 때문이야. 협업하는 건 결국 더 많은 사람에게 제품을 알리고 판매를 증진하기 위한 것이므로 상대 기업의 유통 채널 곳곳을 활용해 우리 제품을 노출시켜 커버리지를 확대할 수 있다면 그만큼의 이익 효과를 볼 수 있으니까.

자체적으로 고유의 매장을 보유하고 있는지, 있다면 전국 기준으로 어느 정도의 규모인지 혹은 백화점이나 쇼핑몰 등 별도의 유통망을 통해 판매하고 있지는 않은지 세부적인 사항을 체크해 보는 거야. 그뿐만 아니라 요즘은 온라인상에서도 활발하게 판매가 이루어지기 때문에 온라인 공식몰이나 입점된 사이트까지 훑어보자.

또한 이러한 과정에서 그들이 팔고 있는 대략적인 상품과 가격대를 확인하는 것도 도움이 돼. 특별히 주력하는 스테디셀러 상품이 있는지 혹은 새롭게 런칭한 제품이나 서비스가 있는지 함께 확인하는 것도 좋아. 세부적인 제안 사항을 작성할 때 해당 상품에 관심을 표현하면 담당자도 조금 더 주의 깊게 볼 확률이 높기 때문이야. 협업을 받는 기업의 입장에서 니즈가 가장 높을 거라 예상되는 상품을 찾아보는 거지.

체크리스트 4: 온라인 이벤트 사례

공식 홈페이지 또는 SNS를 통해 기존 이벤트 사례들을 살펴보자. 어떤 유형의 이벤트를 진행했고, 규모와 기간은 어느 정도였는지 감을 잡을 수 있으니까. 만약 공식 홈페이지가 없다면 구글에서 '업체 이름 + 이벤트/프로모션/마케팅'과 같은 검색어로 이미지 검색을 하다 보면 해당 업체가 과거에 진행한 내역이나 유사 기업의 사례를 검색해 볼 수 있어 참고해두면 좋아.

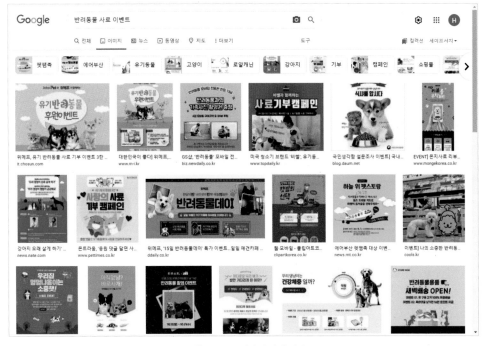

그림 4.5 구글 이미지 검색 예시

요즘은 SNS도 채널별로 활발하게 운영하기 때문에 플랫폼별로 어떤 콘텐츠를 주로 올리고 있는지 파악해두는 것도 좋아. 예를 들어 담당자와 전화로 대화를 주고받을 때 "최근 SNS에 올리신 Z 콘텐츠도 굉장히 재밌더라고요."와 같이 가볍게 이야기하면 호감을 사면서 원하는 방향으로 대화를 이끄는 데 유리하거든.

실무 담당자는 어떻게 찾을 것인가: 응답률 높이는 컨택 포인트 찾기

이제 실무 담당자에게 직접 컨택을 진행해볼 차례야. 사실 실제로 제안하는 과정 못지않게 담당자 연락처를 알아내는 과정이 처음엔 생각보다 시간이 오래 걸리고 쉽지 않은 경우가 많아. 회사의 규모와 성향 등에 따라 컨택 포인트를 확보할 수 있는 다양한 방법이 있으니, 이런 부분에 어려움을 겪고 있다면 다음과 같은 상황을 참고하면 조금 더 수월하게 할 수 있을 거야.

대표 번호로 담당자 찾기

컨택의 가장 기본적인 방법은 전화야. 일반 기업은 대부분 대표 번호로 전화를 걸어서 제안하는 형태에 알맞은 부서 담당자를 확인해달라고 요청하면 잘 연결해주거든.

대표 번호는 포털 사이트에 안내된 번호 또는 공식 홈페이지에 기재된 부서별 번호 등으로 확인할 수 있어. 간혹 대표 번호로 통화할 때 중간에 연결이 끊기는 경우가 생길 수 있기 때문에 가능하면 담당자에게 돌려달라고 하기보다 내선 번호를 받아 두는 게 추후 지속적인 연락을 취하는 데도 용이할 거야.

- **프로젝트 담당자 컨택 포인트 묻기**

   안녕하세요, A회사 마케팅팀 김사원이라고 합니다. [B건(협업을 제안하고자 하는 건)]에 대해 협업 제안드리고 싶어 연락드렸는데요. 어느 부서의 담당자분과 이야기하면 좋을지 알려주실 수 있을까요?

여기서 한 가지 팁은 컨택하려는 업체의 담당자 이름을 정확히 알고 있을 때 연결이 수월하다는 거야. 해당 업체에 대한 기사를 검색하다 보면 'A 담당자 OOO(성함)에 따르면'과 같은 식으로 이름과 코멘트가 공개된 인터뷰를 통해 담당자를 확인할 수 있어. 이를 활용해 전화 연결을 요청할 때도 A 담당자님과 이야기하고 싶다고 말하면 원활하게 연결이 가능하지.

다만 이럴 경우, 해당 담당자와 원래 알고 있는 사이인지 질문을 받을 수 있어. 그럴 때는 기사를 통해 A 담당자님의 성함을 알게 되었다고 솔직하게 답해야 해. 협업에서는 신뢰가 중요한데, 거짓말을 하면 안 되니까. 이때 '사전에 이야기 나누지 않은 분과는 연결이 어렵다'라고 할 수도 있는데, 당황하지 말고 위와 같이 이야기하면 큰 무리가 없는 이상 컨택 포인트를 알려줄 거야.

SNS 개인 DM으로 컨택하기

공식 홈페이지나 포털 사이트를 통해 대표 번호가 검색되지 않는 업체도 꽤 있어. 그럴 때는 SNS를 찾아서 개인 DM(Direct Message)의 형태로 문의를 남겨두면 좋아.

- SNS DM 형태로 제안하기

  안녕하세요, 저는 A회사 마케팅팀 김사원이라고 합니다. 공식 홈페이지상 대표 메일이나 전화번호가 안내되어 있지 않아 이렇게 메시지로 연락드리게 되었습니다.

  다름 아니라, 저희는 올해 11~12월 반려동물 사료를 새롭게 런칭하고자 준비하고 있는데요. 반려인을 타깃으로 하고 있는 만큼 [협업을 제안하고자 하는 기업명] 측에 협업을 제안드리고 싶어 연락 드렸습니다. DM 회신 또는 관련 담당자와 컨택할 수 있는 연락처를 아래 휴대폰 또는 메일로 알려주시면 보다 상세한 내용에 대해 상의드리도록 하겠습니다.

  010-XXXX-XXXX / kimworker@a.co.kr

  궁금한 사항은 편하게 말씀 주세요. 감사합니다!

위와 같이 나의 신분, 컨택한 이유와 제안 사항 등을 간략하게 요약하고 회신받을 수 있는 연락처도 함께 적자. 특히 외국계 기업은 직접적인 유선 연락처가 없는 경우가 꽤 있는데, SNS상에서의 응답률은 높은 편이라 이런 방법을 통하면 소통하기 수월할 거야.

PR 에이전시 공략하기

규모가 있는 큰 기업들은 세부적인 마케팅과 홍보의 과정을 외주 PR 에이전시에 맡겨 진행하는 경우가 많아. 이럴 땐 협업을 제안하는 업체의 PR 업무를 대행하고 있는 에이전시를 찾아 제안해야 해. 이러한 방법에는 다음 두 가지가 있어.

- 뉴스 기사 검색을 통해 PR 에이전시 찾기

  [A업체 마케팅 및 광고 대행/광고/에이전시] 등의 키워드로 검색해보는 거야. 이때 [A 업체의 마케팅을 진행하고 있는 광고 대행사 B는~]과 같은 식으로 담당자나 PR 에이전시의 이름이 검색에 노출된 부분이 없는지 찾아보고 활용하는 방법이야.

- 공식적인 업계 자료를 통해 PR 에이전시 찾기

  한국광고총연합회(www.adic.or.kr)가 매년 실시하는 PR 업계 현황조사 자료를 통해 확인할 수도 있어. 홈페이지에 접속하여 [전문자료] 내 [정기간행물] 섹션의 [Research - PR업계 현황조사]를 통해 매년 정리되는 PR 에이전시에 대한 종합적인 정보를 정리해주고 있거든. PR 전문회사의 주요 업무 및 연락처 등을 간략히 정리한 자료라 업체에 필요한 부분을 찾아 검색해보면 커뮤니케이션을 하는 데 많은 도움을 얻을 수 있을 거야.

한국광고총연합회는 지난 6월 22일부터 7월 5일까지 총 22일간 '2021년 PR업계 현황조사'를 실시했다. 국내 주요 PR전문회사와 광고회사 PR부서들의 현황을 파악하기 위해 매년 실시해온 PR업계 현황조사는 올해 각 사별 인원현황, 주요 업무 및 실적 등에 대해 진행됐다. 그 결과 20개 PR전문회사, 11개 광고회사·온라인광고회사 PR담당부서에서 조사에 응답했다.

[표1] PR 전문회사 현황

(단위 백만 원, 명)

회사명	설립시기	대표자	전화번호	홈페이지	총인원	직급별 인원	직종별 인원	2020년 취급액
굿윌커뮤니케이션즈	1999.01			www.goodwillpr.co.kr	25	임원 3, 부장급 4, 과장급 4, 그 외 14	PR 15, 온라인 7, PPL 및 기타 3	3,000
라이징팝스	2014.07.28			www.risingpops.com	22	대표 1, 임원 1, 사원 20	대표 1, 임원 1,기획 15, 제작 5	2,000
리앤컴	2001.02.15			www.leencomm.com	36	임원 3, 고문 1, 책임 6, 선임 16, 사원 11	PR 11, IMC 17, 제작 5, 경영관리 3	5,069
메타커뮤니케이션즈	1999.11.01			www.metacomm.co.kr	16	대표 2, 부사장 1, 차장 3, 과장 2, 대리 4, 사원 3, 실장 2	PR 12, 디자인 2, 경영 2	3,495
미디컴	1997.10.20			www.medicompr.co.kr	178	-	경영진 5, AE 165, 지원업무 8	44,200
브라이언커뮤니케이션스	2000.11.14			www.briman.co.kr	30			3,000
시너지힐앤놀튼	1999.12.21			www.hkblog.co.kr	120			25,000
써니피알	2016.08.15			www.sunnypr.kr	5	대표 1, 실장 3, 팀장 1	마케팅 3, 디자이너 1, 이벤트 1	-
에이엠피알	2006.03			www.ampr.co.kr	28	대표 1, 이사 2, 부장 2, 과장 5, 대리 5, 주임 4, 사원 9	홍보마케팅 22, 영상 4, 디자인 2	3,000
엔자임헬스	2006.04.01			www.enzaim.co.kr	61		경영 및 기획 5, 헬스케어PR 28, 헬스케어&공익마케팅 10, 디지털마케팅 7, 헬스케어 디자인 5, 이슈관리 / 건강책방 일일호일 헬스 컨텐츠 2, 헬스액션 3	
유브레인커뮤니케이션즈	2008.05.22			www.ubrain.kr	45	관리직 10, 비관리직 35	대표 1, 홍보 28, 영상 5, 디자인 5, 경영지원 6	11,965
커뮤스퀘어	2013.08.01			-	5	임원 2, 실장 1, 과장 1, 대리 1	PR 5	860
케이피알앤드어소시에이츠	1989.09.10			www.kpr.co.kr	145	임원 13, 사원 132	기획/영업 130, 관리직 15	20,600
코콤포터노벨리	1995			www.korcom.com	30	대표이사 1, 부사장 1, 이사 1, 부장 2, 차장 1, 과장 2, 대리 10, 사원 10	전략커뮤니케이션본부 17, 공공 컨설팅 본부 8, 경영지원본부 3, 기타 2	
프레인글로벌	2000.07.27			www.prain.com	192			32,682
플레시먼힐러드코리아	2001.04			www.fleishmanhillard.co.kr	-			
피알와이드 (PRWIDE Inc.)	2013.12			www.prwide.com	22	대표 및 임원 3, 매니저 6, 대리 5, 사원 외 기타 8	컨설팅 3, 언론홍보 10, 영상/디지털 6, 기타 3	2,212
피알원(PR ONE)	2006.06.12			www.prone.co.kr	180			30,500
햄스아웃두들	2007.02.20			www.hahmshout-doodle.com	70	임원 6, 부장 9, 차장 8, 과장 10, 대리 20, 사원 17		7,102
호프만에이전시코리아	2001.02.23			www.hoffman.com	20명 내외			

그림 4.6 한국광고총연합회 정기간행물 – Research 2021년 PR업계 현황조사 예시

대표 이메일 또는 제휴 문의로 제안하기

어떤 기업은 무수한 제안에 일일이 대응하기 힘들어 대표 이메일이나 공식 홈페이지 제휴 문의를 통해 제안을 받기도 해. 그럴 땐 직접 담당자와 컨택하기 어려운 부분이 있지.

이처럼 대표 이메일로 제안할 때는 최대한 간결하고 정확하게 내용을 담고, 세부사항을 정리한 PDF 파일을 첨부하는 게 좋아. 특히 제목을 유의해서 작성해야 해. 많은 제안 메일 사이에서 제목만으로 읽히지 않을 수도 있거든.

[A 제안의 건]처럼 무난하고 깔끔한 것도 나쁘지 않지만, 해당 브랜드가 주로 사용하는 캐치프레이즈가 있다면 이를 적극 활용해 제목에 녹이면 좋아. 예를 들어, 새로 런칭한 디저트 카페를 홍보하고자 [배달의민족]에 제안한다면 다음과 같이 해보는 거야.

> ■ 디저트 카페 홍보를 위해 [배달의민족] 측에 제안 메일을 보낼 때의 제목 예시
>
> 마카롱도 우리 민족이었어_A 디저트 X 배달의민족 협업 제안의 건

[배달의민족]은 '△△도 우리 민족이었어'라는 캐치프레이즈를 갖고 있어. 따라서 제안 시에 이를 활용해 작성하면 [배달의민족]에 대해 잘 알고 있거나 최소한의 정보를 찾아본 사람이라는 느낌을 줄 수 있지. 같은 내용이라도 [A 디저트 협업 제안의 건]이라는 제목보다는 [**마카롱도 우리 민족이었어_ A 디저트 X 배달의민족 협업 제안의 건**]과 같은 제목이 담당자의 눈에 띌 가능성이 높으니까.

이렇게 정리하여 대표 메일로 제안을 보냈는데도 답변이 없다면 한 번 더 고객센터에 전화해 보는 것도 좋아. 협업 건으로 대표 이메일로 제안서를 보내드렸는데 아직 회신을 받지 못하여 담당자에게 전달해 주십사 요청해 두는 거지. 실제로 이렇게 했을 때 거절을 당하더라도 메일로 회신을 보내주는 경우가 많아.

■ 컨택 시간대

사람이 하는 일이라 감정적인 면도 결코 무시할 수 없어. 특히 컨택은 제안을 받는 담당자 입장에서는 업무가 더해지는 것이기 때문에 귀찮거나 힘들다고 예상되면 긍정적인 회신을 받기 어려울 수도 있거든.

쉽게 말해 전화를 받는 상대방 입장에서 생각해보면 좋아. 언제 제안을 받았을 때 부담되지 않고 팩트를 잘 받아들일 수 있는지 말이야. 나의 경우엔 수요일 또는 목요일 오후 시간대에 컨택하는 걸 선호해. 각자의 업무 패턴과 특성에 맞춰서 한 번쯤 생각해보고 컨택하면 좋겠어.

여기에서 한 가지 유의할 점은 정말 당장 해결해야 할 급한 건이 아니라면 월요일 오전에는 가급적이면 컨택하지 않는 게 좋아. 한 주를 시작하는 월요일 오전에는 담당자들도 회사에서 내부 회의가 있을 확률이 높고, 그렇지 않더라도 모두가 한 주에 해야 할 일을 체크하는 시간이다 보니 해야 할 일이 더 늘어나는 것에 대한 부담을 크게 느낄 수 있기 때문이야.

■ 외국계 기업 컨택 – 과거 유사 사례 살피기

대개 외국계 기업은 특정 프로젝트 또는 마케팅 캠페인을 진행할 때 사용하는 글로벌 가이드가 있어. 통상적으로 해당 규정 안에서 진행하되 국가에 따라 필요한 부분은 로컬 가이드로 수정, 반영하여 진행하곤 하지.

국내 담당자가 흥미를 느끼더라도 글로벌 가이드상 어렵거나 까다로운 부분이 있을 수 있어. 따라서 과거 유사한 진행 사례를 보면서 디테일하게 살펴보는 게 필요해.

거절이 두렵다면 이렇게: 실전 메일 작성 및 전화 제안 방법

컨택 포인트까지 잘 찾았다면 이젠 실전이야. 혹시 거절당하진 않을지 처음이라 걱정된다면 다음 예시 사례를 통해 제안의 시작부터 이후까지 해야 할 일을 차례로 정리했으니 각자 업무에 참고하면 좋겠어.

컨택 시작은 이렇게

통화는 소속과 이름을 밝히면서 시작하는 것이 기본이지. 이와 함께 어떤 건으로 전화했는지 이유를 정확하게 전달해야 해.

■ 협업 제안 시 전화 컨택 예시

안녕하세요, 저는 A회사 마케팅팀 김사원입니다.

이번 시즌 [B 협업(제안하고자 하는 협업 건)]으로 제안드리고자 연락드렸습니다.

세부사항이 담긴 제안서를 메일로 보내드리고 싶은데 괜찮으실까요?

이때 내가 해야 할 이야기에만 급급하지 않고 담당자의 이야기를 그만큼 잘 듣는 것도 중요해. 떨린다면 메모장에 간단하게 말할 내용을 적어 두고 보면서 이야기를 나눠도 좋아. 한 문장을 말할 때 마치 준비한 내용을 읽듯이 길게 이어 말하기보다는 간결하게 말하고 상대방에게도 대답할 시간을 충분히 주면서 대화를 이어가는 것이 좋아. 그래야 좀 더 정확하게 원하는 방향의 커뮤니케이션을 할 수 있을 거야.

컨택 중에는 이렇게

통화가 끝났다고 끝난 게 아니야. 통화 후에는 담당자의 톤앤매너와 진행 상황을 간단히 기재해두고 앞으로의 과정에 참고하는 것이 필요해. 다음과 같이 크게 세 가지 반응으로 나누어 정리해두면 추후 커뮤니케이션 과정에서 상대방의 성향에 따라 더 효과적으로 설득해 나갈 수 있어.

1. 긍정적 반응 – 계속 추진! BUT, 거절당할 경우의 수도 고려

제안을 수락할 가능성이 높은 편이라고 할 수 있어. 하지만 겉으로 대화만 에둘러 하는 담당자이거나 최종 결정권자인 상부 보고에서 반려될 수 있으니 이런 경우의 수를 염두에 두고 커뮤니케이션하는 게 필요해.

예를 들어, 담당자 반응이 좋아 협의가 잘 되어 간다고 생각해 이미 성사가 된 것처럼 내부에 보고하고 진행하면 추후 번거로운 문제가 발생할 수도 있어. 그렇기 때문에 담당자의 톤앤매너뿐만 아니라 실제 업무는 정확한 피드백과 의사 표현을 기반으로 해야 한다는 것을 잊지 말았으면 해.

2. 그럭저럭의 반응 – 디테일하게 제안 및 설득하기

이런 케이스는 제안 자체가 나쁘지는 않지만, 막상 실행하려면 귀찮거나 번거롭다고 생각하는 경우가 많아. 이런 담당자에게는 보다 더 디테일하게 제안하는 것이 필요해. 통화 후에는 메일로 제안서를 첨부하고 메일만 봐도 어떤 내용인지 한눈에 파악할 수 있도록 주요 목차와 결정사항을 본문에 함께 적어. 하여 '이러한 내용을 컨펌만 하면 된다'는 인식을 심어주어 앞으로의 커뮤니케이션 과정에 크게 불편함 없이 느껴질 수 있도록 말이야.

3. 부정적 반응 - 기한을 정해두고 빠르게 정리하기

상부에 보고도 하지 않고 담당자 선에서 끝내 버릴 가능성도 무시할 수 없어. 이런 담당자에게는 제안 건에 대한 회신을 특정일까지 부탁한다는 데드라인을 두고 소통하는 게 필요해. 해당 기한이 넘어가면 성사되지 않을 확률이 90% 정도에 가깝기 때문에 이를 참고해서 어려운 건은 빠르게 정리하고 다른 데에 집중하는 게 좋아.

컨택 이후에도 잊지 말 것

협업이 성사됐다면 이전 커뮤니케이션 과정에서 주고받은 사항을 정리해가며 진행해. 특히 1차 내부 보고 후 다른 팀원 등이 이어받아 진행할 경우 앞서 나누었던 이야기와 과정을 상세하게 공유해서 인수인계해 주는 게 좋아.

만약 협업이 거절되었다면 먼저 제안이 거절당한 핵심 이유를 생각해 보자. 예를 들어 제안의 내용 자체는 긍정적이었으나 기간이나 다른 물리적인 조건이 맞지 않았던 건지 혹은 제안에 대한 니즈가 없었는지 등 객관적으로 파악해 보는 거야. 나아가 이러한 부분을 포함해 컨택을 진행한 업체들을 케이스 파일로 만들어 정리해두는 것도 좋아. 담당자 연락처와 그간의 커뮤니케이션 과정을 함께 적어 두고 이후 비슷한 업체군 또는 유사한 흐름으로 진행되는 업무에 참고하면 예측하고 대응하는 능력도 자연스럽게 키울 수 있거든.

> **TIP** 컨택 후 기억해두면 좋을 3가지
>
> ■ **통화 후에는 10분 내 제안 메일을 보낼 것**
> 컨택 전화 후에는 가능하면 10분 내로 제안서를 보내는 게 좋아. 담당자도 우리처럼 늘 할 일이 많고 바쁜 사람들이기 때문에 시간이 조금만 흘러도 금방 잊을 수 있거든.
>
> 【 요약 예시 】
>
> [인사] 안녕하세요. 연락드린 A사 마케팅팀 김희준입니다.
>
> [핵심] 유선상 말씀드린 것처럼 [프로젝트 협업(제안하고자 하는 협업 내용)]을 제안드리고자 합니다.
>
> [이유] 저희 회사는 올겨울 11~12월경 반려동물을 위한 신제품 사료 B에 대한 출시를 앞두고 있는데요. 이와 관련해 여러 관련 사례를 찾아보던 중 귀사에서 진행하신 [C 활동(협업을 제안하고자 하는 업체의 마케팅/PR 활동 가운데 우리 제품의 콘셉트 등과 맞닿은 부분이 있는 활동)]이 인상 깊어 제안 드리게 되었습니다.

[개요] #협업 제안 개요

- 내용: 신제품 사료 B X C 활동 연계 협업 제안
- 일정: 11월 한 달간 (조율 가능)
- 세부사항

  [본사 제공 가능 사항] D, E, F
  [귀사 제공 희망 사항] G, H, I

[마무리] 사료 B에 대한 설명과 제안드리는 협업 세부 사항은 별도로 첨부 드리오니 검토 부탁드리겠습니다.

진행 일정상 다음 주 금요일까지 1차적인 회신을 요청 드리며 기타 궁금하신 사항 등은 아래 연락처로 말씀 부탁드리겠습니다.

고맙습니다.

메일은 읽는 사람이 한눈에 이해할 수 있게 간략하고 명확하게 정리하는 게 중요해. 가장 먼저 제안에 대한 핵심 사항과 이유를 적자. 그리고 협업의 개요를 설명하는 거야. 여기에서 필요한 사항은 해당 협업을 진행하고자 하는 일정과 해당 기업이 제공해야 하는 부분이 어떤 것인지 바로 파악할 수 있게 희망하는 내용을 기재하는 거야. 물론 제안서는 별도로 만들어 메일에 첨부하겠지만, 메일만 봐도 어느 정도는 담당자가 인지할 수 있도록 적는 것도 중요하거든. 앞서 말한 것처럼 제안 메일은 담당자의 머릿속에서 잊혀지기 전에 빠르게 전달하는 게 필요하기 때문에 미리 작성하여 임시보관함에 저장해 두고, 통화를 끝낸 후 톤앤매너를 확인해 필요한 부분은 수정해 발송하자.

■ **중요한 세부사항은 반드시 메일로 이야기 나눌 것**

통화에서는 괜찮다고 긍정적으로 이야기하다가도 나중에 입장을 바꿔 갑자기 다른 이야기를 하는 담당자도 심심찮게 있어. 녹음하지 않는 이상 전화로 둘만 나눈 이야기는 효력이 없기 때문에 중요한 내용은 반드시 메일로 나누는 게 필요해. 이를테면 '**A건에 대해 회신 주신 사항 정리해 메일로도 드립니다.**'하는 식으로 전화로 나눈 주요 사항을 메일의 텍스트로 정확하게 남겨두는 거지.

■ **51 vs. 49 목소리의 법칙을 기억할 것**

'목소리 큰 사람이 이긴다'라는 말이 있잖아. 제안할 때도 어느 정도 적용되는 말이라고 생각해. 다만 압도한다는 느낌보다는 상대방이 49라면 딱 51 정도로 이야기하는 게 좋아. 이렇게 했을 때 본인이 할 말만 하기보다 상대방의 의견도 충분히 들으면서 대화를 이끌어가는 주체적인 느낌을 줄 수 있거든.

Part 02

무의미하게 느껴지는
잡무에서 벗어나기

05

오늘도 울리는
사무실 전화,
부담되고 받기 싫다면

사회초년생 막내가 되어 가장 부담되었던 업무 중 하나가 바로 전화였어. 부끄럽지만 '회사의 전화가 울리지 않았으면 좋겠다', '지금 울리는 전화를 피하기 위해 전화선을 빼 버리고 싶다'는 생각이 들 정도였으니까. 하루하루 적응하는 것도 쉽지 않은 회사에서 전화를 받아 응대하는 게 결코 쉽지가 않았거든. 전화벨만 울려도 스트레스가 심해지니 좀처럼 다른 업무에 집중하기도 어렵더라고. 결국 이런 어려움을 해소하기 위해 전화 커뮤니케이션의 막연한 두려움을 해소해 보기로 했어.

특히, 전화를 받는 것처럼 업무라고 하기는 애매하고 소위 잡무라 불리는 영역의 일을 스스로 업무라고 정의하는 것에서부터 출발했어. 모든 것이 생각하기 나름인 것처럼 잡무라고 생각하는 순간 '내가 이런 일을 하려고 열심히 취업했나?' 하는 불필요한 생각이 들 수 있지. 그래서 스스로를 소중하게 여기자는 의미이자 막내가 하는 실질적인 일을 이해하고 그에 도움이 되도록 어느 챕터보다 더 열심히 준비했으니 잘 따라와 주길 바랄게.

통화 전: 수화기를 들기 전 확인해야 할 것

막내로서 당장은 전화를 거는 것보다 받아넘기는 편이 훨씬 많을 거야. 이렇게 걸려오는 전화를 받을 때 수화기를 들기 전 다음과 같은 사항을 미리 체크해 인지하고 있으면 훨씬 유연하게 응대할 수 있어. 처음엔 전화 커뮤니케이션이 익숙하지 않아서 표현이나 방식이 어색할 수 있는데 하다 보면 체화되는 것이라 당장 어렵게 느껴져도 크게 걱정하지 않아도 돼.

> **TIP** 전화 커뮤니케이션 방법
>
> 본격적인 시작에 앞서 전화를 통해 이야기할 때 어떻게 해야 정확하게 응대할 수 있는지 간략하게 정리해 보았어. 문장별로 어떤 상황에서 사용하는지 등의 세부 사항은 이어질 본문을 통해 자세히 확인 가능하니 참고 부탁해. 이 챕터를 모두 읽고 다시 해당 페이지로 돌아와 상기해 보는 것도 도움이 될 거야.

일반 막내	일잘러 막내
누구세요?	실례지만 소속과 성함이 어떻게 되실까요?
네?	실례지만 잘 듣지 못해서 다시 한번 말씀 부탁드리겠습니다.
전화 돌려드리겠습니다.	담당자분 연결해드리겠습니다.

일반 막내	일잘러 막내
잠시만요.	잠시만 기다려주셔도 괜찮으실까요?
지금 자리에 안 계신데요.	담당자분께서 잠시 자리를 비우셨는데, 메모 남겨드릴까요?
A 과장님은 오늘 몸이 안 좋아 휴가를 내셨는데요.	A 과장님은 오늘 휴무라 부재중이신데요. 메모 남겨드릴까요?
그 건은 제 담당이 아니라서요.	담당자분 확인하여 연락드릴 수 있게 도와드리겠습니다.

표 5.1 일반 막내 vs. 일잘러 막내의 전화 커뮤니케이션 용어 정리

전화기 사용법 미리 익히기

처음 자리에 앉아 필기구를 놓고 취향에 따라 각자의 책상을 꾸몄을 거야. 이럴 때 꼭 잊지 말아야 할 것이 내 자리에 있는 회사 공용 전화기에 대한 확인이야. 어떻게 구성되어 있는 지 살펴보고 [당겨받기] 또는 [돌려주기]와 같은 기본 기능을 실제 전화를 받기 전에 미리 확인해 두는 거지. 엉뚱한 곳으로 돌리거나 끊기는 실수를 해서 업무를 시작하기도 전에 당황하지 않게 말이야.

그림 5.1 SK 기업 전화 예시 이미지 (출처: SK 브로드밴드 홈페이지)

기본적이고 핵심적인 기능인 [돌려주기], [당겨받기], [보류] 버튼은 한 번씩 눌러보고 테스트해 봐야 해. [돌려주기]는 말 그대로 걸려온 전화를 다른 담당자에게 돌려주는 것을 의미하고, [당겨받기]는 특정 담당자가 자리를 비워 부재중일 때 당겨받아 응대하는 것을 말해. [보류] 버튼은 전화를 건 상대방이 들을 수 없도록 통화연결음을 송출해 주는 기능이

야. 특히 막내들은 특성상 이 세 가지 버튼을 가장 많이 활용할 테니 아주 기본적인 사항이라 하더라도 꼭 체크해보고 넘어가도록 하자. 물론 전화기 종류는 회사마다 조금씩 다르니 각자의 상황에 맞게 익히면 돼. 잘 모르겠으면 전혀 부끄러워할 필요 없이 선배에게 물어봐도 되고, 상황이 여의치 않으면 모델명을 포털 사이트에 검색해서 찾아보는 것도 심플하고 좋은 방법이야.

[돌려주기] 연습하기

막내가 가장 많이 하는 전화 커뮤니케이션은 해당 업무의 담당자에게 전화를 전달하는 [돌려주기]야. 처음엔 낯설 수 있으니까 옆자리 동료나 사수 등 선배에게 부탁해서 같이 연습해 보는 걸 추천해. 내선 전화를 걸어 달라 부탁해 선배 자리로 돌려보는 형태로 연습해 보는 거야. 전화기마다 다를 수 있지만, 일반적으로 [돌려주기]는 다음과 같이 누르면 돼. 여기서 주의할 것은 [돌려주기] 버튼을 누른 후 수화기를 내려놓는 일이야. 이렇게 해야 담당자끼리 연결이 정상적으로 되거든. 잘 돌려졌나 확인하기 위해 계속 수화기를 들고 있으면 연결한 담당자에게 목소리가 들리지 않으니 유의하도록 하자.

☎ 돌려주기(버튼) + 내선 번호 0000(네 자리 숫자) + * 또는 #

또한 전화가 익숙해질 때까지는 전화기 바로 옆에 '돌려주기용 주요 담당자 연락망'을 메모장에 간단하게 적어서 붙여 놓는 게 좋아. 몇 번 하다 보면 자주 돌려주는 내선 번호가 눈에 띌 텐데, 그런 번호도 메모장에 같이 정리해두면 편해.

벨소리 종류 구분하기: 일반 통화연결음 vs. 내선 통화연결음

일반적으로 기업 전화기는 '외부에서 걸려온 일반 통화연결음'과 '내선 통화연결음' 소리가 달라. 둘의 차이를 구분할 줄 아는 건 필수야. 왜냐하면 아래처럼 내선 통화에 두 가지 의미가 있어서 잘못하면 혼선이 생길 수도 있기 때문이지.

- **일반 통화연결음**: 외부에서 걸려온 전화
- **내선 통화연결음**: 1) 회사 내부에서 내부로의 연결 (예: A 부장 → B 대리)
  2) 외부에서 걸려온 전화를 내부로 연결 (예: C 광고주 → D 과장)

우선 외부에서 걸려오는 일반 통화는 '모두 받아넘긴다'고 생각하면 응대에 큰 무리가 없어. 하지만 내선 통화는 한 번 더 생각이 필요해. 예를 들어 내부에서 내부로 연결할 경우, 그러니까 마케팅팀 A부장님이 B 대리님에게 내선 전화를 걸 수 있는데, 이걸 중간에 받으면 어떻게 될까? 중간에서 부장님의 전화를 대리님에게 다시 돌리는 애매한 상황이 될 수 있어. 내선 통화연결음이 들릴 땐 무조건 받지 말고, 벨이 2번 정도 울릴 때까지 지켜봐. 보통 자신의 직통 전화가 내선 통화연결음으로 울릴 땐 해당 담당자가 빠르게 전화를 받거든. 3번 이상 울리면 내선끼리의 통화라도 부재중일 수 있기 때문에 그땐 받아도 괜찮아. 두 가지 소리를 잘 듣고 본인만의 구별법을 세워 몇 번 받다 보면 금방 익숙해질 거야.

아는 만큼 들린다: 관계 업체 확인하기

전화 업무에서 가장 중요한 부분은 어디에서 전화가 왔는지 확인하는 일이기 때문에 익숙해질 때까지는 회사와 관계된 업체의 이름과 업종을 간단하게 리스트업해 두는 걸 추천해.

'아는 만큼 보인다'는 말이 있는 것처럼 전화할 때도 아는 만큼 들리기 마련이니까. 만약 어떤 업체에서 전화로 **"A 업체의 OOO입니다."**라고 말했는데, 소리가 작고 발음이 정확하지 않아 잘 들리지 않는 상황을 가정해 볼게. 미리 A 업체의 이름을 알고 있었다면 특정 자음만 듣고도 어느 곳인지 자연스럽게 떠올릴 수 있을 거야.

이를 위해 회의 때나 선배들 사이의 대화, 그리고 메일을 통해 자주 커뮤니케이션하는 업체들을 살펴보고 정리해 보는 것도 좋은 방법이야. 거창할 필요 없이 메모장을 활용해 간단하게 적도록 해. 이런 작고 사소한 노력이 원활한 전화 커뮤니케이션에 큰 도움이 될 수 있어.

통화 중: 전화기를 든 순간 잊지 말아야 할 것

회사에서 처음 전화를 받으면 상대방이 무슨 이야기를 하는지 이해하기 힘들 수 있어. 너무나도 당연한 일이니 전혀 당황할 필요가 없어. 처음은 누구에게나 낯선 거니까. 다음과 같은 방식으로 첫 마디 입을 뗀 후 전화의 목적을 파악하고 담당자와 내용을 메모하는 순서로 진행하면 돼. 한 단계씩 예를 들어 설명해 볼게.

첫 마디는 '여보세요'가 아니라 이렇게

전화를 받은 후 첫 마디는 어떻게 하는 게 좋을까? '여보세요'는 회사에서 그냥 없는 단어라고 생각하면 돼. 정답은 다음과 같이 나의 소속과 이름을 밝히는 거야. 그래야 상대방도 자연스럽게 자신의 소속을 밝히며 본론을 꺼낼 수 있거든.

> RRR... RRR...
>
> 김사원: 네, OO(회사 이름) △△팀(소속 팀) 김사원입니다.

'여보세요'는 통상적인 비즈니스 매너가 아니기 때문에 상대방은 올바르게 전화를 건 건지 확인하기 위해 "OO(회사 이름) 맞나요?"라고 다시 질문할 거야. 불필요하게 두 번 인사하지 않도록 하자. 정말 신입이라면 이조차 어색할 수 있는데, 일주일만 받아보면 자동응답기처럼 편해질 테니 너무 걱정하지 않아도 돼.

상대방의 소속과 이름 파악하기

전화 초반 응대에서 자기 소속을 밝히면 상대방도 자연스레 자신의 소속을 이야기할 거야. 하지만 다짜고짜 본론부터 시작하는 급한 사람도 있어. 그럴 때는 말을 끊지 않고 일단 잘 들은 후, 다음과 같이 소속과 성함을 물어보는 게 좋아.

> RRR... RRR...
>
> 전화를 건 상대방: 안녕하세요. 지난번에 말씀 주신 B 건에 대해서 말이에요.
> 제가 확인해 보았는데 ~ 하더라고요.
> 김사원: 실례지만, 어디서 전화 주셨을까요?
> A업체 최대리: 아, A업체 최대리입니다.

다른 경우로, 상대방이 소속과 이름을 이야기했는데 알아듣지 못한 경우가 있어. 이럴 때는 계속 **"네? 어디시라고요?"**라고 내가 원하는 걸 파악하기 위해 일방적으로 질문을 이어가는 건 좋지 않아. 상대의 말을 끊는 듯한 뉘앙스를 줄 수 있기 때문에 전체적인 통화에 부정적인 인상을 줄 수 있거든. 이런 경우에는 상대방이 이야기하고자 하는 말을 모두 들은 후 통화 종료 전에 다시 한번 소속과 이름을 물어보는 게 가장 좋아.

RRR... RRR...

A업체 최대리: 안녕하세요, #업체 ***대리입니다. B 프로젝트 건으로 마케팅팀

C 과장님과 이야기를 나누었었는데요, 전화 돌려주실 수 있을까요?

김사원: 죄송하지만, 제가 정확하게 듣지 못해서 소속과 성함을 다시 한번 부탁드리겠습니다.

A업체 최대리: A업체 최대리입니다.

김사원: 네, C 과장님 연결해 드리겠습니다.

전화의 목적 파악하기

상대방의 소속과 성함을 파악했다면 왜 전화했는지에 대한 목적을 알아야 해. 이렇게 해야 실수 없이 정확하게 해당 업무 담당자와 연결할 수 있으니까. 대개는 전화를 건 상대방이 먼저 용건을 이야기하지만, 그렇지 않을 때는 이렇게 물어보는 과정이 필요해.

RRR... RRR...

A업체 최대리: 안녕하세요, A업체 최대리입니다. 마케팅팀 C 과장님 부탁드립니다.

김사원: 실례지만, 어떤 건으로 연락(문의) 주셨을까요?

A업체 최대리: B 프로젝트 건으로 상의할 부분이 있어 연락드렸습니다.

김사원: 네, C 과장님 연결해 드리겠습니다.

전화를 건 상대방이 내부 담당자의 정보를 알고 있다는 듯 당연하게 "OO 담당자님 부탁드립니다."라고 요청하더라도 목적에 대한 질문은 꼭 해야 한다는 거야. 단순히 이름을 안다고 해서 정말로 아는 사이인지는 정확히 알 수 없으니까. 회사에선 언제나 확인만이 나를 구해주니까 돌다리도 두드리며 건도록 하자.

전화 메모하기

회사에선 기록하는 사람만이 살아남는 법이지. 특히 전화를 많이 받는 막내들은 전화로 오고 가는 내용을 바로 기억할 수 있을 것 같지만, 수화기를 내려놓는 순간 기억이 사라지는 섬뜩한 경험을 할 수도 있어. 그래서 통화 중 메모는 다음과 같은 내용을 확인해 정리하면 돼.

- **첫째**, 누구에게 온 전화인지

- **둘째**, 용건은 무엇인지

- **셋째**, 회신에 대한 데드라인과 연락처는 무엇인지

- **마지막**으로 상대가 특별히 요구하거나 언급한 부분이 있는지

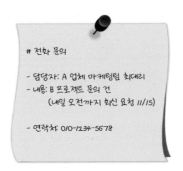

전화 문의

- 담당자: A 업체 마케팅팀 최대리
- 내용: B 프로젝트 문의 건
  (내일 오전까지 회신 요청 11/15)

- 연락처: 010-1234-5678

그림 5.2 전화 커뮤니케이션 메모 예시

담당자가 자리를 비웠다면 자리에 돌아왔을 때 직접 메모지를 전달하면서 구두로 얘기하면 돼. 담당자가 오래 자리를 비운 경우라면 메모지를 담당자 책상에 붙여 두고, 돌아왔을 때 사내 메신저 등을 활용해 한 번 더 말하는 게 필요하고. 메모지가 떨어질 수도 있고 의외로 못 보는 경우도 있거든. 막내에게 확인은 하고 또 해도 손해 볼 게 없는 일임을 늘 생각하자!

당겨 받은 통화 응대하기

앞서 말했듯이 전화를 당겨 받아야 하는 경우가 막내 때는 더욱더 많지. 내 자리 근처의 직원이 어떠한 이유로 잠시 자리를 비우거나 휴가를 가는 등 부재중일 때 벨소리가 3번 이상 울리지 않도록 눈치껏 빠르게 당겨 받는 게 필요해.

> 김사원: 당겨 받았습니다 (혹은 대신 받았습니다). 김사원입니다.
>
> A업체 최대리: 안녕하세요, A업체 최대리입니다. 이 부장님 자리에 안 계신가요?
>
> 김사원: 네, 잠시 자리 비우셔서 말씀 남겨주시면 전달해 드리겠습니다.

또한 통화를 당겨 받았다면 위와 같이 자리에 있는 담당자가 아니라 대신 당겨 받았다는 사실을 통화 건 상대방이 바로 인지할 수 있도록 인사 전에 먼저 이야기하는 게 좋아. 이어 상대방이 찾는 담당자의 부재에 대해서 물으면 전화를 건 용건에 대해 묻고 전달하겠다고 말하면 돼. 들은 내용은 앞선 페이지(전화 메모하기)에서 말한 것처럼 꼼꼼히 메모하여 해당 건의 담당자에게 통화를 마치고 전달하면 되고.

통화 마무리는 이렇게

전화를 끊을 때의 마무리는 다음과 같이 하는 게 좋아. 업무상 통화 커뮤니케이션에 있어 전화를 건 사람이 먼저 끊는 게 매너이기 때문에 전화를 먼저 끊지 않도록 주의해야 해. 용건이 있어서 전화를 걸었을 테고, 할 말도 더 많겠지. '이 정도면 끝났겠지?'라고 판단해서 말을 끊기보다는 차분히 잘 듣고 기다리는 자세가 필요해.

> A업체 최대리: (본론 이야기한 후) 그럼 잘 부탁드리겠습니다.
>
> 관련하여 메일 드리도록 하겠습니다. / 다시 연락드리겠습니다.
>
> 김사원: 네, 추가 문의 사항이나 말씀주실 사항은 더 없으실까요?
>
> 감사합니다.

위와 같이 '잘 부탁드린다' 혹은 '관련하여 연락드리겠다'처럼 상대방이 통화를 마무리하는 의도가 보이면 모두 다 들은 후 인사를 전하면 돼. 이때 **"네"** 또는 **"수고하세요"**보다 **"감사**

합니다"라고 말하는 게 기본 예의야. 무엇이든 마무리가 중요한 것처럼 마지막까지 좋은 인 상을 남기는 게 일을 하는 데 있어서도 긍정적인 영향을 주거든.

나의 경우 상대방의 이야기가 끝난 것 같아 먼저 수화기를 내려놓았던 적이 꽤 있었는데, 통화 종료 직전 상대방이 **"아, 잠시만요!"**라며 할 말이 더 남았다고 이야기할 때가 종종 있 었어. 여유를 갖고 경청하며 조금 기다려주자. 또는 **"추가 문의 사항은 더 없으실까요?"**라 고 마지막 의사를 묻는 것도 좋은 방법이야.

통화 후: 똑똑하게 전화 돌려주는 법

통화를 마친 후 담당자에게 연결해야 할 차례야. 이때 중요한 건 어떤 담당자에게 연결할 것인지 판단하는 일인데, 막내들은 모르는 업무가 많고 어떤 담당자가 해당 업무를 수행하 는지 모를 가능성이 높기 때문에 막막할 수 있어. 모르는 업무일 때와 아는 업무일 때, 크게 두 가지 경우에 다음과 같이 응대하면 무리 없이 전화를 연결할 수 있을 거야.

모르는 업무일 때: 옆자리 선배 or 사수에게 물어보고 연결하기

이럴 땐 전화를 건 상대에게 잠시 기다려 달라고 양해를 구한 뒤 전화기의 [보류] 버튼을 누 르고 옆자리 선배나 사수에게 도움을 청해야 해. 무턱대고 묻기보다 구체적이고 명료하게 묻는 게 필요해.

> 김사원: (문의 전화 상대에게) 죄송하지만, 잠시 기다려 주시겠습니까?
> 김사원: (선배나 사수에게) 선배님, A 업체에서 B 프로젝트 건으로 문의를 주셨는데요.
> 어느 분께 돌려드리는 게 좋을까요?

만약 주위에 물어볼 동료나 사수가 없는 상황이라면 상대방에게 **"죄송하지만, 말씀 주신 건 에 대해 정확하게 확인하고 연락드려도 될까요?"**라고 양해를 구한 뒤 다시 연락하면 돼. 질 문이 허용된다는 게 막내의 특권이잖아. 모르는 건 두려워하지 말고 질문하면 돼.

아는 업무일 때: 담당자 찾아 연결하기

알고 있는 업무에 관한 전화라면 바로 담당자의 자리로 연결하되, 만약 담당자가 부재중일 때는 급하게 확인이 필요한 건인지 확인하는 게 좋아.

빠른 확인이 필요한 중요한 일이라면 해당 담당자에게 'A 업체(회사)의 최대리님(성함)이 B 프로젝트 건(용건)으로 급하게 확인 문의를 주셔서 연락드렸다'고 문자를 남기자. 그럼 담당자가 판단해 빠르게 응대할 수 있으니까. 당장 처리해야 할 급한 용무가 아니라면 메모를 남겨 전달하면 되고.

또한 프로젝트의 종류와 기간에 따라 연락 오는 업체의 종류와 빈도수가 다를 수 있으니, 전화기 근처에는 진행 프로젝트와 주요 실무 담당자들의 내선 번호를 적어 붙여 두면 일일이 번호를 찾아 연결하는 수고를 덜 수 있어.

업무와 관련 없는 전화: 정중하게 거절하기

스팸 전화에는 시간을 낭비하지 않는 게 중요해. 하지만 예의를 갖추는 건 필요해. 나의 경우, 스팸 업체에서 문의하는 사항이 (설문조사 등) 꼭 해야 하는 필수적인 일인지 확인한 뒤 거절하는 편이야.

> 김사원: 저희가 반드시 해야 하는 필수적인 일인가요?
>
> 아니라면, 죄송하지만 어렵겠네요. 도움을 드리지 못한 점 양해 부탁드려요.

알다시피 필수적이지 않은 경우가 99%거든. 이 정도의 톤으로 응대하면, 상대방도 늘어지지 않고 빠르게 포기하는 편이야.

상황별 전화받기 FAQ

Q. 전화를 돌리는 과정에서 통화가 끊어진다면?

> 김사원: 안녕하세요, ○○의 김사원입니다.
>
> 실례지만 방금 전화 연결 중 통화가 끊겨서요.
>
> 담당자분 다시 연결해 드리겠습니다.

이럴 땐 전화를 돌려줄 내부 담당자를 찾아가 전화가 끊겼다고 이야기하고 '직접 전화해보라'고 하기보다 본인이 다시 걸어서 연결해주는 게 좋아. 회사에서 사용하는 대부분의 전화는 발신 번호 확인 기능이 있으니, 번호를 확인해 다시 전화를 걸어서 위와 같이 양해를 구하고, 담당자를 연결해주면 돼. 상대가 다시 전화할 때까지 기다리는 건 예의가 아니고, 선배나 상사에게 다시 전화를 걸어보라고 하는 건 작지만 사람을 불편하게 만드는 일이기 때문에 이런 방법을 쓰는 걸 추천해.

Q. 상대방이 내부 담당자의 개인 연락처를 물어본다면?

> 김사원: 죄송하지만 개인 연락처를 드리는 어려운 점, 양해 부탁드리겠습니다.
>
> 부재중이신 담당자님께 관련 내용 전달 드려 놓을 예정이니,
>
> 번거로우시겠지만 이 번호로 다시 한번 연락 부탁드립니다.

연락처는 민감한 개인 정보이기 때문에 임의로 연락처를 넘기는 건 좋지 않아. 일단 연락처를 묻는 게 잘 알고 있는 사이가 아니라는 방증이기도 하니까. 그럴 땐 위처럼 해당 담당자의 부재 상황을 알리면서 관련 내용을 전달해 드릴 테니 기다려주십사 양해를 구하는 편이 좋아.

Q. 회의 중 또는 선배와 이야기 중인데, 전화벨이 울린다면?

두 경우의 수 모두 전화는 안 받아도 돼. 회의 중이라면 당연히 회의가 우선순위니까 받지 않아도 되는데, 선배와 이야기 중일 때는 조금 애매한 상황이 될 수도 있어. 별도의 공간이 아니라 각자의 자리에 서서 이야기하는 경우 선배와 하는 이야기가 사담이 아닌 업무에 관

련한 이야기라면 특별히 받으라고 말하지 않는 이상 전화는 받지 않아도 돼. 눈앞에서 펼쳐지는 이야기에 집중해. 그럼 눈치껏 다른 사람들이 당겨 받아 줄 거야.

Q. 통화 중 상사가 말을 걸어온다면?

상식적으로 전화하고 있을 땐 말을 걸지 않지. 하지만 그런데도 말을 걸어올 때는 그만큼 급하다는 거야. 이럴 때는 통화 중인 상대에게 양해를 구하고 전화기의 [보류] 버튼을 누르거나 수화기를 손으로 감싸 말소리가 잘 들리지 않게 한 후에 상사의 대답에 먼저 응하고 전화를 이어가도록 해.

Q. 담당자가 지금 전화를 돌려받기 원하지 않는 경우엔?

처리해야 할 일이 많은 상사일수록 개인적인 스케줄, 컨디션 등의 이유로 돌려받기를 원하지 않는 경우가 있을 수 있어. 그럴 땐 **"잠시 자리 비우셨는데 메모 남겨드리겠습니다"**라고 응대 후 간단히 메모만 전달하도록 해.

Q. 가까운 곳의 담당자에게 연결할 경우에는?

그분의 자리를 살펴보고 지금 통화 중이거나 자리를 비우지는 않았는지 확인하고 돌려야 해. 전화 돌리는 데 익숙해지면 나중엔 정말 자동응답기처럼 전화를 돌릴 수 있거든. 그럴 때도 최소한 가까운 자리에 있는 사람에게 연결할 때는 잘 살피고 연결하도록 하자.

예를 들어, 휴대폰으로 통화 중이거나 다른 분과 이야기를 나누는 중일 때는 전화를 건 상대에게 조금 기다려 달라고 하거나 메모를 남겨 전달하는 게 좋겠지? 나의 경우 이런 점이 참 부족했는데, 조금 더 잘했다면 좋지 않았을까 반성을 많이 했어. 작지만 이런 섬세한 차이가 센스를 키워줄 거야!

06

점심 메뉴도 고르기 어려운데,
회식 장소를
예약해야 한다면

할 일이 쌓여 있는데 회식 장소를 고르느라 스트레스를 받았던 경험은 누구나 있을 거야. 회식 장소 예약이 겉으로 보기엔 업무에 포함되지 않지만, 예약하는 사람 입장에서는 생각보다 많은 요소를 고려해야 하는 일이거든. 그만큼 시간도 꽤 소요되지.

이번 챕터에서는 어떤 메뉴를 골라야 할지부터 식당 예약까지, 회식 장소 예약법을 단계별로 차근차근 설명해 볼게. 깊이 신경 쓸 필요 없는 회식 장소 예약은 간단히 마무리하고, 정말 중요한 업무에 시간을 쓸 수 있을 거야.

물론 요즘은 코로나19로 인해 단체 회식은 지양하는 편이지만, 회식뿐만 아니라 회사에서 단체를 위한 특정 장소를 예약할 때의 범주로 확장해서 활용해도 좋으니 각 상황에 맞춰 참고하길 바랄게.

회식 장소 검색 전 고려할 것

회식 장소를 예약할 때 메뉴부터 검색한다면 무한대의 시간이 소요돼. 메뉴는 정말 무궁무진해서 특정 메뉴를 선택해 검색하는 게 아니라면 그것만으로는 적당한 식당의 범주를 좁히기가 쉽지 않거든. 이처럼 시간을 낭비하지 않으려면 회식 장소를 검색하기 전에 꼭 고려할 사항부터 먼저 체크하는 것이 필요해.

- 일정과 인원 체크하기
- 메뉴 카테고리 정하기
- 회식 분위기 파악하기

가장 먼저 일정과 인원을 확인하고, 적당한 메뉴로 카테고리를 좁힌 후 회식의 종류와 분위기를 고려하여 최종 리스트업을 하는 게 좋아. 다음 순서대로 각 단계에서 확인할 사항을 이야기해 볼게.

누구와 언제 먹을까: 일정과 인원 체크하기

회식 장소를 예약할 때 가장 중요한 건 일정과 인원수를 파악하는 일이야. 아무리 좋은 메뉴라고 해도 해당 일정에 이용이 불가능하거나 전체 인원을 수용할 수 없는 규모의 식당은 적합하지 않으니까. 일정과 인원수를 먼저 파악하여 가능한 식당 내에서 카테고리를 좁혀나가야 해.

- **일정과 시간은** 대개 상사로부터 회식 장소를 예약하라는 이야기를 처음 들을 때 전달받겠지만, 다시 한번 물어보고 체크해야 해. 시간은 아주 정확하지 않더라도 점심 회식이면 대략 점심시간 내외, 저녁 회식이면 퇴근 시간 내외로 가정해 알아보면 좋아.
- **인원수는** 필수로 고려해야 해. 인원에 따라 식당의 규모가 달라지기 때문에 아무리 좋은 식당이라도 전체 인원을 수용하지 못하면 의미가 없으니까. 회식 인원은 변동 가능성이 커서 처음부터 정확한 인원을 알기 어려울 수 있어. 대략적인 인원수를 다음과 같이 구체적으로 확인하도록 하자.

(팀 내 회식이라면) 저희 팀 인원 OO명 정도로 예약해도 괜찮을까요?

(큰 규모의 팀 간 회식이라면) 인원은 몇 명 정도로 예약하는 게 좋을까요?

무엇을 먹을까: 메뉴 카테고리 정하기

특정 메뉴를 지정한 게 아니라면 대중성에 맞춰 메뉴를 골라야 해. 우선 구체적인 메뉴를 정하기에 앞서 큰 카테고리를 분류하면 좋은데, 한식, 중식, 일식 3가지 카테고리 내에서 정하는 걸 추천해.

태국, 인도, 베트남 음식은 평소 자주 먹는다 하더라도 모두가 선호하는 대중적인 기호는 아닐 수 있으니 제외하는 게 좋아. 요즘 유행하는 마라탕처럼 호불호가 갈리는 음식도 제외하는 게 좋고.

이때 주의할 점은 처음부터 세부 메뉴를 정하지 않는 거야. 메뉴 외에도 체크해야 할 사항이 많은데, 처음부터 메뉴를 너무 디테일하게 고민하면 나중에 다른 조건이 여의치 않아 이용하지 못할 수도 있거든. 너무 서두르지 말고 '메뉴는 검색하면서 정한다'라는 생각으로 천천히 결정하도록 하자.

센스를 살짝 더하고 싶다면 주변 상황과 회식 참여자를 세심하게 배려하는 게 좋아. 예를 들어, 개인위생이 중시되는 요즘은 회식 자리에서 다른 사람과 함께 된장찌개를 떠먹는 게 불편할 수 있어. 메뉴를 고를 때도 개별 취식이 가능한 메뉴를 선택하는 게 좋지. 하나의 큰 팬에 4인분을 끓여 나눠 먹는 부대찌개보다 1인분씩 조리해 나오는 갈비탕이 훨씬 좋겠지?

더불어 요즘은 채식주의자 인구도 늘어나는 추세라서 고기로 메뉴를 정한다고 해도 해당 식당에 고기 외의 다른 메뉴가 있는지 함께 체크해두는 게 좋아.

누구와 먹을까: 회식 분위기 파악하기

누구와 어떤 상황에서 식사하는지 대략적인 회식 분위기를 파악하면 적합한 장소를 찾는 데 큰 도움이 돼. 다만 완벽하게 모든 상황을 파악해야 하는 건 아니니까 편안하게 고려하면 돼. 다음 경우 중 어느 쪽에 더 가까운 회식인지 체크해보자.

- **공식 회식1**: 일반 팀원 회식
- **공식 회식2**: 팀원 +@
- **비공식 회식**: 또래 사모임

1) 일반 팀원 회식

그림 6.1 일반 팀원 간 회식

- **목적**: 특정 팀원의 입사 또는 퇴사, 팀원 사기 증진 등
- **장소**: 적당한 소음과 편안한 분위기의 식당, 너무 높지 않은 가격대의 메뉴

식당 내부가 조용하면 팀원들이 부담을 느껴 분위기가 어색해질 수 있고, 너무 시끄러우면 한 마디 할 때마다 소리를 질러야 하는 웃픈 상황이 생길 수 있거든. 일반적인 회식이라면 분위기와 메뉴 모든 면에서 '중간'이 가장 적당함을 잊지 말자!

2) 팀원 + @(높으신 분들) 회식

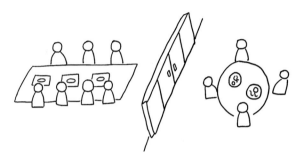

그림 6.2 팀원 + 고위직 참석 회식

회식에 팀 인원 외의 고위직이 포함되는 경우는 높으신 분들(?)이 팀원에게 전하고 싶은 이야기가 있는 경우야. 이럴 때는,

- **목적**: 높으신 분들(?)이 서로 간 혹은 팀원에게 전하고 싶은 이야기가 있을 때
- **장소**: 일부는 따로 앉을 수 있는 분리된 공간 구조와 조용한 분위기의 식당, 가격대가 조금 높아도 깔끔한 한식 또는 일식 위주의 메뉴

  높으신 분들이 함께하는 데는 어떤 이유가 있을 거야. 높으신 분들끼리 해야 할 이야기가 있거나 팀원에게 중요한 이야기를 전달할 수 있으니, 다른 회식보다 공간 구획에 신경 쓸 필요가 있어. 조용한 분위기도 중요하고, 메뉴 역시 높은 가격대까지 선택의 폭이 넓은 식당으로 예약하는 게 좋아.

3) 또래 사모임

그림 6.3 또래 사모임 회식

101

- **목적**: 동기 또는 친한 팀원 간의 친목 도모

- **장소**: 좀 더 편안하고 힙한 분위기의, 의자에 앉는 테이블 구조의 식당, 가격대와 메뉴 선택도 자유로운 곳

  일반 회식보다 편안하게 많은 이야기를 나누는 분위기일 테니, 오래 앉으면 다리에 쥐가 나는 양반다리보다 의자에 앉는 깔끔한 테이블 구조의 식당이 좋겠지? 메뉴나 주류 역시 팀원들과 이야기하며 평소 회식 때 경험하지 못했던 것으로 정하는 게 좋아.

'00 맛집' 검색은 그만! 회식 장소 찾고 예약하기

지금부터는 빠르고 정확하게 회식 장소를 찾고 최종 예약까지 완료해 팀원에게 공유하는 과정을 단계별로 자세히 설명해볼게.

우선 앞서 체크한 사항을 바탕으로 본격적인 회식 장소를 검색해야겠지? 혹시 네이버에 '00역 맛집 추천, 00역 맛집 리스트'를 검색하려 했다면, 그보다 효율적인 방법을 알려줄 테니 잘 따라와!

1단계: 위치 기반 검색으로 식당 찾기

가장 심플하고 정확하게 회식 장소를 검색하는 방법은 단연 위치 기반 검색이야. 포털 사이트 지도를 활용해 위치를 기준으로 검색해보자. 특정 메뉴를 먼저 찾기보다 위치를 기준으로 먼저 검색하는 게 좋은 이유는 실제로 이동하기 적당한 거리의 식당을 한눈에 쉽게 찾을 수 있기 때문이야. 또한 포털 사이트 지도는 주기적으로 업데이트하기 때문에 블로그상의 리뷰는 존재하나 지금은 폐업한 가게 등이 자동으로 제외되어서 효율적으로 검색이 가능해.

그림 6.4 포털 사이트 지도를 통한 위치 기반 장소 검색 예시

회사가 위치한 공덕역 주변에서 회식 장소를 찾는다고 가정해볼게. 우선 포털사이트 지도에서 **[① 공덕역을 검색한 후 ② 검색 카테고리 필터에서 음식점을 클릭하는 거야.]** 음식점 필터로 검색하면 근처의 모든 장소가 파란색으로 표시될 거야. 가장 가까운 곳부터 하나씩 눌러보면서 앞에서 정했던 메뉴 카테고리와 회식 분위기에 적합한 식당을 빠르게 추려봐. 이때도 너무 자세하게 모든 곳을 다 눌러 확인하기보다는 이름만으로 거를 수 있는 식당은 빠르게 제외하면서 살펴보는 게 좋아. 예를 들어 중식당을 찾고 있다면 일식당은 제외해도 되고.

2단계: 후보 리스트업하기

위치 기반으로 1차 검색을 완료했다면 이제 블로그, 인스타그램 등 SNS와 유선 통화를 통해 좀 더 세부적으로 살펴봐야 해. SNS 검색 단계에서는 실제 이미지와 고객 리뷰를 꼼꼼하게 살펴보면서 전체적인 분위기를 파악하는 게 중요해. SNS를 통해 확인해야 할 것들은 크게 다음과 같은 사항들이야.

- 전체적인 공간 크기
- 가격대와 메뉴 구성

- 맛에 대한 실제 고객의 리뷰

- 위생 상태 및 분위기

통화로 체크하는 단계는 SNS에서 살펴본 괜찮은 식당에 직접 전화를 걸어 세부 컨디션을 확인하는 과정이야. **"단체 예약 문의로 전화드렸다"**고 말하면서 다음과 같은 사항을 차례대로 확인하자.

- 해당 일정 예약 가능 여부

- 회식 참여 인원 수용 가능 여부

- 실제 메뉴 구성과 가격대

- 주차장 및 기타 제반 사항

회식 인원을 모두 수용할 수 있는지 체크할 때는 조금 여유 있게 알아보는 게 좋아. 예를 들어 20명을 기준으로 알아보고 있다면 5명 정도는 여유 있게, 대략 25명까지 수용 가능한지 넉넉하게 체크하는 게 좋지.

전화까지 완료했다면 적당한 식당이 어느 정도 추려졌을 거야. 그중 최종적으로 보고할 식당을 최대 3곳까지 리스트업하자. 5곳이 넘는 선택지를 보고하는 건 효율적이지 않거든. 다만, 3곳이 모두 거절됐을 경우를 대비해 마음속에 추가 2순위까지는 남겨두는 게 좋아.

3단계: 최종 장소 예약하기

리스트업까지 완료했다면 상사에게 보고할 차례야. 메신저든, 메일이든, 구두 보고든 각자 조직에서 활용하는 방법으로 보고하면 돼. 나의 경우 구두로 보고할 때도 간단한 내용을 메일로 미리 공유하는 편이야. 메일 내용을 함께 보면서 보고하는 게 좋거든. 메일에는 다음과 같은 내용을 정리하면 좋으니 참고해.

- **이름**: 식당 A

- **장소**: 공덕역 2번 출구, 도보 5분 거리

- **메뉴**: 메인 메뉴(가격 2만 원대), 서브 메뉴(가격 1만 원대)

- **기타**: 식당 주차장 이용 가능, 별도 6인룸 2개

- **사진**: SNS 통해 찾은 실제 식당 이미지 첨부

최종 컨펌이 났다면 예약을 완료하고 회식에 참석하는 담당자에게 공지해야 해. 공유할 때는 다음 3가지 내용이 꼭 포함되어야 해.

1. 회식 일정과 장소

2. 예약자명(본인 이름 또는 회사 이름)

3. 주차 안내(별도 주차장을 이용해야 한다면 해당 주차장의 주소까지)

그림 6.5 회식 일정 및 장소에 대한 안내 문자 예시

위 이미지는 이야기한 세부사항을 포함한 실제 안내 문자 예시야. 각자 상황에 맞춰 참고해서 활용하면 좋을 거야.

센스 있는 막내가 되는 체크리스트

다음은 회식 장소를 예약할 때 추가로 확인해두면 좋을 확인사항을 정리했어. 메뉴와 테이블 등 식당 내부 컨디션 외 참석하는 사람들이 궁금해하거나 불편해할 수 있는 외적 사항과 관련된 것으로 막내로서 확인해 두면 좋은 내용이니 참고하길 바랄게.

주차장 컨디션 확인하기

아무리 맛있는 식당이라도 주차 여건이 마땅치 않으면 좋은 회식 장소라고 할 수 없어. 그래서 사전 예약 단계에서 반드시 주차장 여부를 확인해야 해.

- **내부 주차장이 있다면** 최대 몇 대까지 수용 가능한지, 추가 비용은 얼마인지 체크하기
- **내부 주차장이 없다면** 식당 근처에 민영 또는 공영 주차장 위치 및 비용 체크하기

만약 근처 민영 또는 공영 주차장의 연락처가 검색되지 않을 경우 이를 확인할 수 있는 두 가지 방법이 있어.

첫째, 포털사이트 지도의 [거리뷰]를 이용해 해당 주차장을 살펴보는 거야. 거리뷰를 확인하면 '이 정도면 주차에 문제가 없겠다' 정도는 직관적으로 알 수 있을 뿐 아니라, 주차관리소 간판에서 인터넷에는 없는 관리자 번호도 알아낼 수 있거든.

그림 6.6 [모두의 주차장] 앱을 활용한 주차장 위치 및 비용 검색

둘째, [모두의 주차장] 앱을 이용하는 거야. 위 이미지처럼 목적지를 검색하면 근처 주차장의 위치와 가격이 한눈에 보여 빠른 파악이 가능해. 이러한 방법을 통해 주차장의 세부사항을 체크해 두고, 당일 현장에서 문의하는 사람이 있다면 안내하도록 하자.

분리 공간 또는 파티션 확인하기

앞에서 이야기한 것처럼 높으신 분들이 참석하는 회식에는 별도의 분리된 공간이 있는지 확인하는 게 좋아.

- **분리된 공간이 있다면** 해당 공간엔 몇 명까지 들어갈 수 있는지
- **분리된 공간이 없다면** 별도로 공간을 나눌 수 있는 파티션이 구비되어 있는지

이렇게 체크해두면 좋을 거야. 모든 조건이 완벽한데 별도의 독립 공간이 없어 아쉬운 식당이라도, 파티션으로 공간 구획이 가능하다면 고려해볼 만하니까.

회식 시간대 체크하기

요즘은 직원들의 저녁 시간을 존중해 점심에 회식을 진행하기도 하거든. 점심 회식과 저녁 회식을 구분해 접근한다면 센스를 더하는 데 도움이 될 거야.

- **점심 회식이라면** 주문과 세팅을 사전에 부탁하는 게 좋아. 도착하면 바로 먹을 수 있도록 준비하는 거지. 점심 회식은 1~2시간 내로 끝날 확률이 높기 때문에 예약한 시간에 메뉴가 정확하게 나오는 게 특히 중요해.
- **저녁 회식이라면** 라스트 오더와 가게 마감 시간을 확인해야 해. 회식 시작이 7시인데 라스트 오더가 9시면 조금 애매할 수 있어. 어정쩡하게 먹다가 끝나버리지 않도록 넉넉하게 시간을 확보할 수 있는 식당으로 예약하는 게 좋겠지?

메뉴 미리 주문하기

시간이 부족해 앉자마자 바로 식사를 시작해야 하는 회식도 가끔 있어. 이럴 때는 메뉴를 미리 주문해두어야 하는데, 20~30명 이상 많은 인원이 참석한다면 모든 인원의 메뉴를 일일이 확인해 미리 주문하는 건 불가능한 일이야.

그럴 때는 망설이지 말고 중간 가격대의 가장 기본적인 또는 대표적인 메뉴를 주문해. 고 깃집에서 20명이 회식을 하는데, 메뉴가 항정살 15,000원, 삼겹살 10,000원, 목살 9,000원 이라면 삼겹살이 가장 적절하겠지.

상사에게 미리 확인하는 방법도 있어. 예약 관련 사항을 최종 보고할 때 **"메뉴는 대략 항정살, 삼겹살, 살치살 등이 있는데, 우선 삼겹살로 10인분 정도만 바로 먹을 수 있게 미리 준비해 둘까요?"**라고 질문해 확인하는 거지.

위 사항을 종합해 미리 주문할 때는 당일 현장에서 메뉴를 추가하거나 바꿀 수 있다고 식당 사장님께 잘 말씀드려두면 좋아. 또 현장에서 다른 메뉴를 먹고 싶은 사람이 자연스럽게 추가할 수 있도록 예약 인원수보다 조금 적게 주문하도록 해.

식당 문의와 예약 시 꿀팁

예약을 문의할 때 가장 피해야 할 시간대는 11시 반에서 12시 반까지 초절정 점심시간이야. 식당이 가장 바쁜 시간에 전화해서 이것저것 물어보면 제대로 답변을 못 받을 수 있거든.

상대적으로 여유 있는 시간대인 오후 2시 이후에 전화해서 물어보면 커뮤니케이션에 용이할 거야. 오전 시간대는 점심을 준비하느라 여의치 않을 수 있으니 정말 급한 게 아니라면 오후 2시~4시 사이의 시간대를 추천해.

마지막으로 연말연시에는 가예약이 필수야. 회식이 많은 시즌에 규모 있고 괜찮은 식당은 예약이 빨리 차버리거든. 예약을 문의할 때 가예약을 걸어둘 수 있는지 확인하고, 언제까지 확답을 드려야 하는지 체크해두도록 하자. 이렇게 하면 컨펌이 완료된 후 연락했을 때 예약이 안 되는 불상사를 막을 수 있겠지?

07

디자이너가 아닌데
문서 작성을 위한
디자인 작업이 필요하다면

"디자이너가 아닌데 문서 편집을 해야 한다고?" 나는 막내일 때 여러 문서의 초안 작업을 진행하면서 종종 이런 생각을 한 적 있었어. 문서 작성에 필요한 디자인 작업은 크게 많은 양의 데이터를 표, 그래프 등으로 시각화하는 것과 카드 뉴스처럼 템플릿 자체에 디자인적 요소가 필요한 자료를 만드는 두 가지의 형태로 나눠볼 수 있어.

이런 과정에서 디자이너가 아니라 할지라도, 디자인 스킬이 필요한 순간이 찾아오지. 같은 내용이라도 깔끔하고 보기 좋게 정리된 자료가 더 큰 설득력을 가지기 마련이니까. 이럴 때 "디자이너는 따로 있는데, 내가 왜 이런 걸 해야 할까"라고 생각할 수는 있지만, 궁극적으로 일을 해결하는 데 큰 도움이 되지는 않아.

이번 챕터에서는 이런 불평을 할 시간에 빠르게 고민을 해결하고 진짜 업무에 집중하길 바라는 마음으로 준비했어. 포토샵, 파워포인트, 그리고 온라인상의 유용한 사이트들을 활용해 효율적으로 디자인 작업을 하는 방법에 대해 알려줄게.

파워포인트로 간편하게 디자인 작업하기

파워포인트는 회사에서 가장 많이 사용하는 프로그램 중 하나야. 특별한 디자인 능력을 갖추지 않아도 파워포인트에서 제공하는 기본적인 기능을 활용하면 누구나 간편하게 디자인 작업을 할 수 있다는 게 가장 큰 장점이라고 할 수 있지.

이번 목차에서는 그중에서도 가장 많이 활용되는 디자인 작업 세 가지를 다뤄보려고 해. 문서 작업에 다양하게 활용될 수 있는 이미지와 로고 배경을 제거하는 법, 두 개의 이미지를 합성하는 법, 그리고 템플릿을 만드는 법까지 각자 필요한 부분을 펼쳐서 적용해보면 좋을 거야.

배경 제거하기

인터넷에서 다운로드한 이미지를 사용하거나 기존 로고 파일 등을 문서 작업에 활용할 때 배경을 제거해야 하는 경우가 있어. 일명 '누끼 따기'라고도 하는데, 처음 이런 작업을 하려고 했을 때 블로그나 유튜브 영상을 찾아봐도 처음부터 끝까지 일목요연하게 알려주는 곳이 적더라고. 그래서 스스로 찾아보며 방법을 메모장에 정리해 두었는데, 같은 고민을 하고 있을 막내들과 공유할게. 순서에 맞게 따라 해보면 어렵지 않게 할 수 있을 거야.

> **TIP** 잠깐! 알고 가면 좋을 JPG와 PNG의 차이

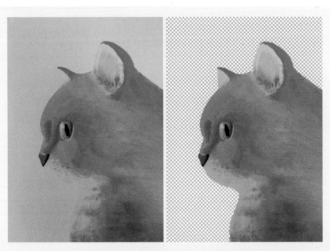

그림 7.1 JPG로 저장한 이미지(왼쪽), PNG로 저장한 이미지(오른쪽)

JPG와 PNG의 가장 큰 차이는 투명함의 유무야. 쉽게 말해 JPG는 배경까지 포함된 이미지 전체, PNG는 배경을 제거하여 이미지의 원하는 영역만 남기고 저장할 수 있어.

또한, JPG는 손실 압축 방식으로 이미지를 저장하는 형태인데, PNG는 비손실 압축 방식을 활용해 JPG보다 더 고화질로 이미지를 저장할 수 있어.

이미지 배경 제거하기

예제 파일 ch07/ex01_cat.jpg

이번 예제에서는 왼쪽 이미지에서 배경을 제거해 투명하게 만들어 볼게.

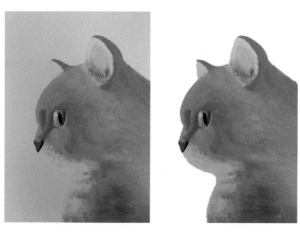

그림 7.2 이미지에서 배경을 제거해 고양이만 남기기

1. 파워포인트에 ①이미지를 삽입하고 삽입한 이미지를 클릭해 선택한다. 상단의 그림 도구에서 ②[서식] 탭을 클릭한 다음 ③[배경 제거] 버튼을 클릭한다.

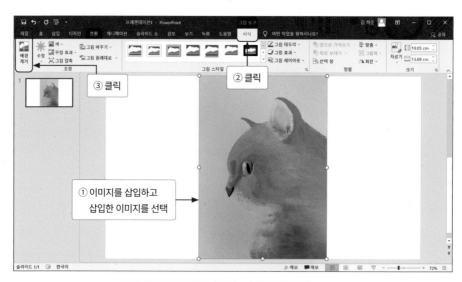

그림 7.3 그림 도구에서 [서식] → [배경 제거] 클릭

2. 그림 둘레에 생긴 ①네모 박스를 마우스로 드래그하여 원하는 부분만 남겨 사이즈를 조정한다.

POINT 마우스 드래그만으로 제거할 배경과 남길 이미지가 정확히 선택되지 않는다면 왼쪽의 [보관할 영역 표시] 및 [제거할 영역 표시] 도구 버튼을 활용해 조정한다.

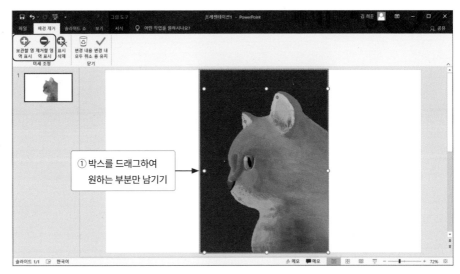

그림 7.4 마우스 드래그 또는 [보관할/제거할 영역 표시] 도구를 이용해 원하는 부분만 남기기

3. 배경 제거된 이미지의 마우스 오른쪽 버튼을 클릭한 후 [그림으로 저장]을 선택한다.

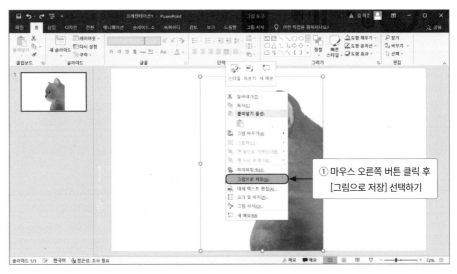

그림 7.5 배경 제거된 이미지를 [그림으로 저장]하기

4. [그림으로 저장] 시, 파일 형식을 [PNG 형식]으로 설정한다.

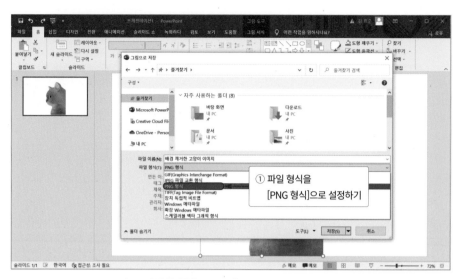

그림 7.6 파일 형식을 [PNG 형식]으로 설정해 저장하기

로고 배경 제거하기

예제 파일 ch07/ex02_logo.jpg

이번 예제에서는 다음 그림과 같은 로고 이미지에서 배경을 제거해 배경을 투명하게 만들어보도록 할게.

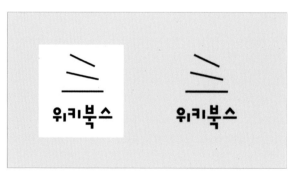

그림 7.7 로고 이미지에서 배경을 제거해 필요한 텍스트만 남기기

1. 파워포인트 내 ①로고 이미지를 삽입하고 해당 이미지를 클릭해 선택한다. 상단의 그림 도구에서 ②[서식]
   탭을 클릭한 다음 왼쪽의 ③[배경 제거] 버튼을 클릭한다.

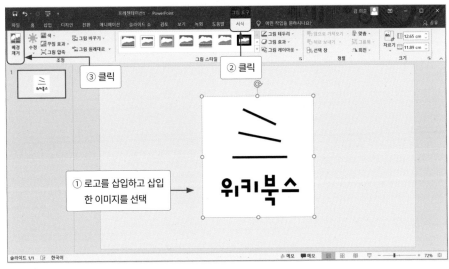

그림 7.8 그림 도구에서 [서식] → [배경 제거] 클릭

2. 로고 둘레에 생긴 ①네모 박스를 마우스로 드래그하여 원하는 부분만 남겨 사이즈를 조정한다.

> **POINT** 마우스 드래그만으로 제거할 배경과 남길 로고가 정확히 선택되지 않는다면 왼쪽의 [보관할 영역
> 표시] 및 [제거할 영역 표시] 도구 버튼을 활용해 조정한다.

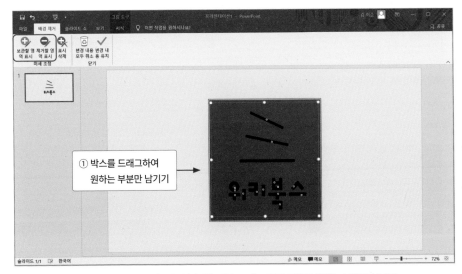

그림 7.9 마우스 드래그 또는 [보관할/제거할 영역 표시] 도구를 이용해 원하는 부분만 남기기

3. 배경을 제거한 로고를 확인한다.

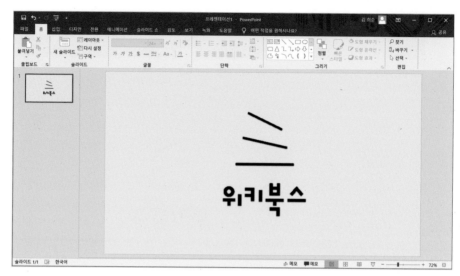

그림 7.10 로고 배경 제거 완료

이미지 합성하기

두 개 이상의 이미지를 합성하는 작업 또한 파워포인트를 통해 간편하게 해결할 수 있어.
배경이 될 이미지를 먼저 선택하고 그 위에 합성할 이미지의 배경을 제거하여 더하는 방법
으로 말이야.

예제 파일 ch07/ex03_bg.jpg, ch07/ex06_cat.png

이번 예제에서는 하나의 배경 그림과 앞서 배경 이미지를 제거한 고양이 이미지를 합성해
오른쪽 그림과 같이 합성한 이미지를 만들어볼 거야.

그림 7.11 두 개의 이미지 합성하기

1. 슬라이드 상에서 [마우스 오른쪽 버튼]을 클릭한 후 ①[배경 서식]을 선택한다.

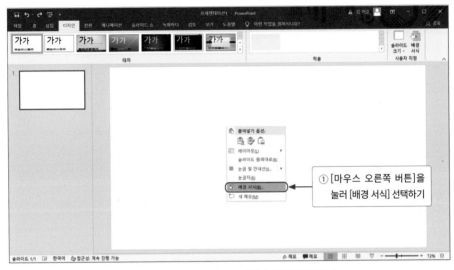

그림 7.12 [마우스 오른쪽 버튼]을 누른 후 [배경 서식] 클릭하기

2. [배경 서식] 창에서 ①[그림 또는 질감 채우기]를 선택하고 그림 원본에 있는 ②[삽입] 버튼을 클릭한다. 마지막으로 그림 삽입 창에서 ③가져올 배경 이미지를 선택한다.

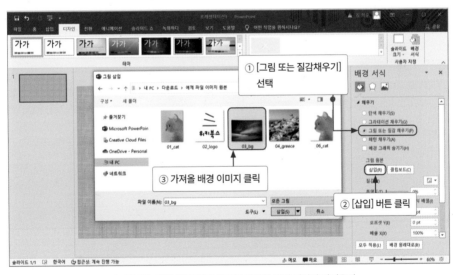

그림 7.13 [그림 또는 질감 채우기]를 선택해 삽입할 배경 이미지 가져오기

3. 배경 제거하기에서 설명한 대로 배경을 제거한 이미지를 합성할 이미지로 가져온다.

그림 7.14 합성할 이미지(배경 제거본) 가져오기

4. 처음 불러온 배경 이미지 위에 배경을 제거한 두 번째 이미지를 복사하여 삽입한다.

그림 7.15 이미지 합성 완료

TIP 만약 합성한 이미지를 파일로 저장하고 싶다면?

배경 이미지를 슬라이드에 삽입하지 않고 그림 불러오기 형태로 가져온 후, 배경 이미지와 삽입할 이미지(고양이)를 [그룹화]한 후 [그림으로 저장]을 선택하면 된다.

카드 뉴스 템플릿 제작하기

SNS가 점차 활성화됨에 따라 마케터들 또한 스스로 카드 뉴스 템플릿을 제작해 계정을 관리하는 경우가 점점 늘어나고 있어. 이러한 작업을 진행하는 디자이너가 팀 내에 따로 없거나 있어도 너무 바빠 간단한 작업을 맡기기 애매하여 고민한 적 있어? 그렇다면 다음 내용을 참고하면 좋을 거야.

잠깐! 혹시 모르니 카드 뉴스란 무엇인지와 제작할 때 신경 써야 할 포인트가 무엇인지 먼저 이야기해 볼게. 카드 뉴스는 글로만 이루어진 일반적인 기사와 달리 이미지를 활용한 스토리 형태의 뉴스형 게시물을 말해. 이미지로서 한눈에 정보를 이해할 수 있게 가독성과 통일성을 갖추는 게 중요하지. 이를 위해 텍스트는 필요하지 않은 부가적인 설명은 제외하는 것이 좋아.

SNS 플랫폼별 사이즈 확인하기

기본적인 문서 작성 시 워드, 엑셀 등 자료의 특성에 맞는 프로그램을 설정하는 게 필요한 것처럼 디자인 작업 또한 마찬가지야. 카드 뉴스를 만들 때는 해당 콘텐츠가 게시될 플랫폼에 필요한 사이즈를 먼저 확인하는 것이 필요해. 만약 사이즈가 다르면 애써 만든 작업물을 사이즈를 조정하느라 다시 처음부터 수정해야 할 수 있거든. 다음 표는 대표적인 SNS인 페이스북과 인스타그램에 필요한 콘텐츠의 사이즈를 정리한 내용이야. (이는 권장 사이즈로 필요에 따라 충분히 조정해서 사용 가능하니 간단히 참고해주면 좋을 거야.)

구분	페이스북	인스타그램
권장 사이즈	정사각형 1080*1080px 가로형 900*600px 세로형 600*900px	정사각형 1080*1080px 가로형 1080*566px 세로형 1080*1350px
이미지 예시		

그림 7.16 정사각형 사이즈 예시 (출처: 위키북스 페이스북)

구분	페이스북	인스타그램

그림 7.17 가로형 사이즈 예시 (출처: 위키북스 페이스북)

이미지 예시

그림 7.18 세로형 사이즈 예시 (출처: 대림미술관 페이스북)

표 7.1 페이스북, 인스타그램의 업로드 콘텐츠 사이즈

레이아웃 구성하기

카드 뉴스를 제작할 때 어떤 내용을 쓸지보다 레이아웃을 어떻게 구성할지 전체 프레임을 먼저 정하는 게 좋아. 내용을 먼저 정리하고 이에 맞는 디자인을 가공하려면 오히려 더 많은 시간이 걸릴 수 있거든. 대략적인 레이아웃을 생각하고 글을 편집하는 역순으로 제작하면 훨씬 효율적이고 가독성 높은 콘텐츠를 만들 수 있어. 레이아웃을 정하는 게 어렵다면 크게 다음 두 가지 방법을 참고하면 좋아.

1. 작성하고자 하는 카드 뉴스의 콘셉트를 설정한다.

예를 들어 전하고자 하는 핵심 내용이 레트로와 관련 있다면 카드 뉴스의 이미지 콘셉트 또한 레트로로 잡아 진행하면 훨씬 이해도를 높일 수 있어. 또한 집의 구조를 설명하는 콘텐츠라면 이전 싸이월드의 형식을 차용해 친근하고 재미있게 표현해볼 수도 있겠지.

그림 7.19 카드 뉴스의 콘셉트 설정하기[1]

2. 상하 및 좌우 구도를 나눠 레이아웃을 설정한다.

콘셉트를 구상하기 어려운 주제라면 무리하여 레이아웃을 잡지 않아도 돼. 그럴 땐 아래처럼 이미지가 들어갈 공간과 텍스트를 배치할 공간을 크게 나눠 프레임을 잡고 시작하면 좋아. 기본적인 구도의 기준만 잘 나눠도 큰 부담 없이 작업을 시작할 수 있고 깔끔하고 보기 좋게 카드 뉴스를 완성할 수 있거든.

그림 7.20 카드 뉴스의 레이아웃 구도 설정하기

테두리, 투명도, 기본 도형의 세 가지의 툴을 활용하여 기본적인 템플릿 구성하기

카드 뉴스 제작이 어렵고 막연하게 느껴진다면 먼저 테두리를 만들고, 기본 도형 도구와 투명도를 활용해 텍스트와 이미지를 적절히 배치하는 걸 추천해. 이렇게만 해도 만들고자 하는 콘텐츠를 깔끔하고 가독성 높게 전달할 수 있어. 이해하기 쉽게 이번 예제에서는 다음 이미지처럼 '그리스 여행 가이드'를 주제로 한 가상의 카드 뉴스를 제작해볼게.

---

1 출처: 대구광역시청년센터 인스타그램(왼쪽), 서울주택도시공사 인스타그램(가운데, 오른쪽)

그림 7.21 테두리, 투명도, 기본 도형을 활용해 카드 뉴스 템플릿 만들기

1. [삽입] 탭의 [그림]을 클릭하여 카드 뉴스 제작에 활용할 이미지를 불러온다.

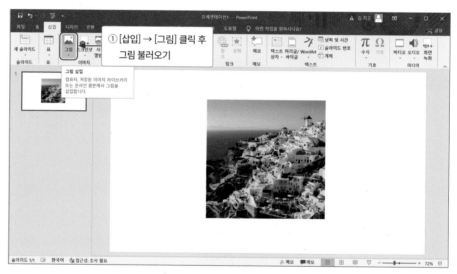

그림 7.22 카드 뉴스에 활용할 이미지 원본 불러오기

2. 이미지 위에 ①[삽입] 도구의 [기본 도형]을 클릭해 사각형을 만든다. ②만들어진 사각형 모양의 도형을 클릭한 후 [서식]에서 [도형 채우기]를 검은색으로 설정한다.

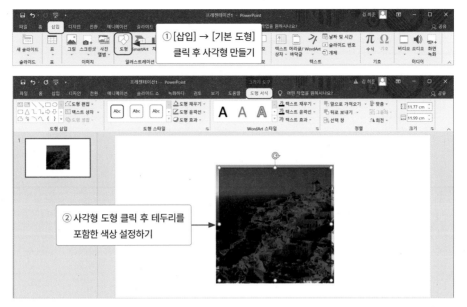

그림 7.23 카드 뉴스 배경 이미지 위 테두리로 활용할 사각형 만들기

3. ①검은색으로 설정한 사각형 도형을 선택하여 마우스 오른쪽 버튼을 클릭한 후 [도형 서식]으로 들어간다.

②[채우기]에서 [단색 채우기]를 선택한 후 [투명도]의 정도를 원하는 만큼 조정한다.

POINT 이때 투명도의 정도는 배경 이미지가 충분히 보이면서도 텍스트가 잘 보일 수 있는 가독성을 기준으로 적절하게 조절한다.

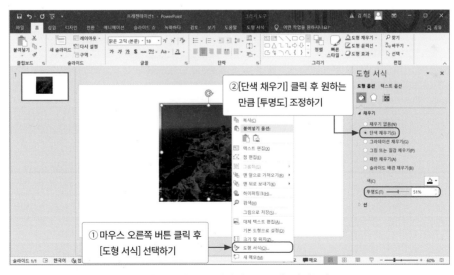

그림 7.24 도형의 투명도를 조정해 카드 뉴스 템플릿 만들기

4. 완성된 카드 뉴스 템플릿 위에 텍스트를 넣어 완성한다.

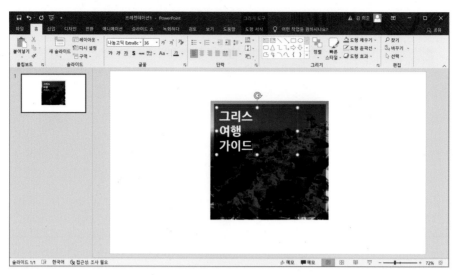

그림 7.25 텍스트를 넣어 완성한 카드 뉴스 템플릿

5. ① 배경 이미지, 투명도를 설정한 사각형, 텍스트 박스까지 템플릿에 활용된 모든 개체를 [Ctrl]을 눌러 중복 선택한다. ② [마우스 오른쪽 버튼]을 누른 후 [그림으로 저장]을 클릭하여 JPG 형식으로 저장한다.

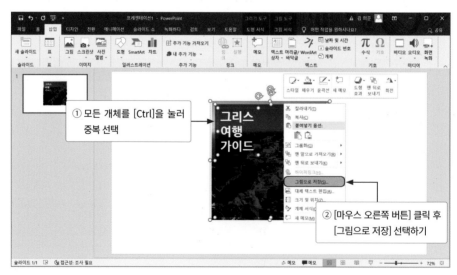

그림 7.26 PPT로 만든 카드 뉴스 템플릿을 JPG 형식의 이미지 파일로 저장하기

6. 완성된 카드 뉴스 템플릿 이미지를 확인한다.

그림 7.27 카드 뉴스 템플릿 이미지 완성

위처럼 실사의 이미지를 사용한다면 사각형 도구를 클릭하여 테두리에 맞게 드래그하여 넣은 후, 이미지에서 텍스트가 또렷하게 보일 수 있도록 투명도를 적절하게 조정해 넣으면 좋아. 이처럼 화려한 디자인을 하지 않아도 파워포인트만으로 간단하게 카드 뉴스를 완성할 수 있어.

자료의 도식화

자료의 양이 너무 많아 도식화가 필요할 때도 파워포인트를 활용하면 용이하게 정리할 수 있어.

레이아웃 구성하기

앞서 말한 것처럼 내용을 먼저 정리하기보다 기본적인 개요에 대한 파악을 간단하게 끝낸 후, 레이아웃을 먼저 구성하는 게 좋아. 전체를 아우르는 레이아웃을 먼저 정한 후 도식화 하면 훨씬 깔끔하게 자료를 정리할 수 있거든. 다음 그림의 왼쪽 도표 이미지는 내용을 박스 친 것에 불과하다면 오른쪽 도표 이미지는 사업의 종류와 추진 절차의 순서가 한눈에 파악된다는 걸 알 수 있어. 또한 도식화는 요약이 중요하므로 하나의 도표에 너무 많은 내용을 담지 않도록 적절하게 덜어내 핵심을 정리하는 것도 중요해.

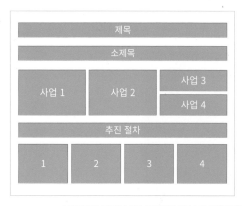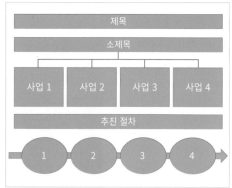

그림 7.28 내용을 우선하여 정리한 도식화(왼쪽), 레이아웃 설정 후 내용을 정리한 도식화(오른쪽)

색상 구성하기

색상만 잘 구성해도 훨씬 보기 좋게 자료를 정리할 수 있어. 이때 중요한 건 지나치게 많은 색상을 사용하지 않는 거야. 나의 경우 한 자료 내에서 5가지 이상의 색상은 사용하지 않고 있어. 또한 6개의 색상이 불규칙적으로 활용된 다음 그림의 왼쪽 도표 이미지와 달리 4개의 색상을 카테고리별로 규칙적으로 사용한 오른쪽 도표가 한눈에 파악하기 쉬운 걸 볼 수 있어. 이처럼 대제목, 소제목, 하위 항목 등의 분류에 따라 규칙적으로 같은 색상을 활용하면 좀 더 가독성 높은 도식화 자료를 만들 수 있어. 어떤 색상을, 어떻게 구성하는 게 좋을지에 관한 내용은 이 챕터의 마지막 부분인 문서 색상 구성하기에서 자세히 다룰 테니 참고하도록 하자.

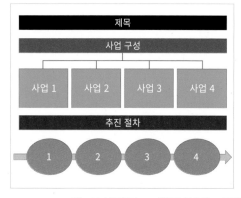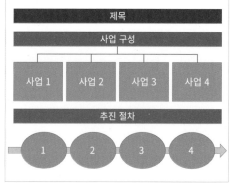

그림 7.29 불규칙적으로 색상을 활용한 도식화(왼쪽) 규칙적으로 색상을 활용한 도식화(오른쪽)

포토샵으로 정교하게 디자인 작업하기

디자이너가 아닌 사람들에게 포토샵은 사용하기 어렵게 느껴지는 장벽이 있어. 하지만 포토샵의 기능을 조금만 알면 어렵지 않게 퀄리티 높은 디자인 작업을 할 수 있어. 이번 목차에서는 이렇게 누구나 쉽게 포토샵을 사용하여 정교한 디자인을 완성할 수 있는 디자인 작업 세 가지를 다뤄 볼게. 첫째, 이미지와 로고 배경을 제거하는 법, 둘째, 두 개의 이미지를 합성하는 법, 마지막으로 목업(Mock-up) 파일을 만드는 법까지. 목업(Mock-up)이란 실물 모형이란 뜻으로 특정 이미지를 실물처럼 입체적으로 보이게 만든 것을 말해. 자세한 예시 이미지와 만드는 과정은 이어지는 내용에서 설명하도록 할게.

포토샵 기본 도구 설명

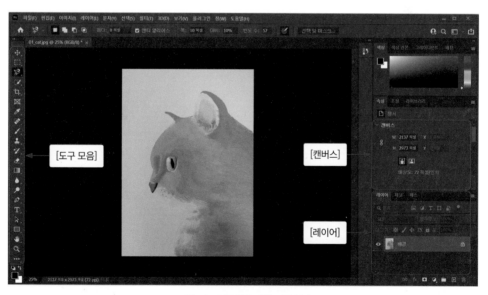

그림 7.30 포토샵의 기본 도구 설명

시작하기에 앞서 포토샵의 도구에 대해서 간단히 설명할게. 먼저 왼쪽에 세로로 도구를 모아 놓은 '도구 모음' 탭이 있어. 우리가 사용할 기본적인 도구가 모두 포함돼 있다고 보면 돼. 오른쪽 '캔버스' 탭은 사이즈 등 이미지의 구성 정보를 표시해주는 부분이야. 마지막으로 오른쪽 하단의 '레이어' 탭은 이미지가 몇 개의 층으로 이루어져 있는지를 보여주는 것으로 레이어를 다양하게 구성하고 쌓아가며 정교한 작업을 할 수 있어. 이렇게 크게 '도구 모음', '캔버스', '레이어'의 구성을 알고 시작하면 다음 디자인 예제를 충분히 따라 할 수 있으니 천천히 함께해보자.

배경 제거하기

이미지 배경 제거하기

예제 파일 ch07/ex01_cat.jpg

이번 예제에서는 이미지에서 배경을 제거해 배경을 투명하게 만들어 볼게.

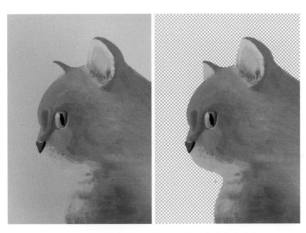

그림 7.31 이미지에서 배경을 제거해 고양이만 남기기

1. ①포토샵 [파일(File)] – [이미지 열기(Open)]를 클릭한 후 이미지를 불러온다. ②[도구 모음] 탭의 [올가미 도구(Lasso Tool)]를 클릭한다. ③배경을 제거하고자 하는 이미지의 형태에 따라 [다각형 올가미 도구(Polygonal Lasso Tool)] 또는 [자석 올가미 도구(Magnetic Lasso Tool)]를 선택한다.

   POINT 직사각형처럼 테두리가 선명한 형태의 이미지라면 [다각형 올가미 도구]를, 고양이 또는 사람 얼굴처럼 테두리가 유선형으로 불명확한 형태의 이미지라면 [자석 올가미 도구]를 선택하면 더 쉽게 테두리를 선택할 수 있다.

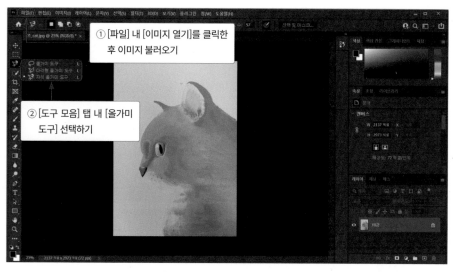

① [파일] 내 [이미지 열기]를 클릭한
  후 이미지 불러오기

② [도구 모음] 탭 내 [올가미
  도구] 선택하기

그림 7.32 [도구 모음] 탭 → [올가미 도구] 클릭

2. 마우스를 이미지의 윤곽선을 따라 드래그하여 영역을 선택한다.

POINT 다음 이미지처럼 점선 표시가 보이면 선택이 완료된 것을 확인할 수 있다.

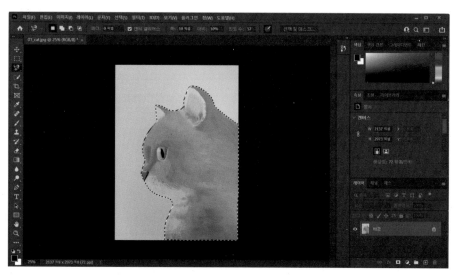

그림 7.33 이미지의 윤곽선을 따라 마우스를 드래그하여 영역 선택하기

3. ①레이어 복제 단축키인 Ctrl+J를 누른다. 오른쪽 레이어 탭 내에 생성된 [레이어 1(Layer 1)] 탭을 확인한
   다. ②[레이어 1(Layer 1)] 아래에 위치한 기존 [배경(Background)] 레이어의 눈 모양을 클릭하여 해제한
   다. 아래 이미지처럼 배경이 지워진 모눈종이 모양이 보이면 배경 제거 완료!

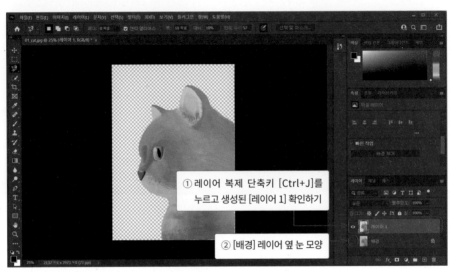

그림 7.34 레이어 복제 단축키(Ctrl+J) 누르기 → [레이어 1] 생성
→ [배경] 레이어 눈 모양 클릭하여 해제하기

이미지 배경 제거 – 가장자리를 더 깔끔하게 정리하고 싶다면

위와 같은 방법으로 배경을 제거했지만 가장자리가 지저분해 신경 쓰인다면 이를 조금 더
정교하게 다듬어 마무리할 방법을 알려줄게.

4. [도구 모음] 탭을 선택한 후 [개체 선택 도구(Object Selection Tool)] 내 [빠른 선택 도구(Quick
   Selection Tool)]를 클릭한다.

   TIP [빠른 선택 도구(Quick Selection Tool)]

   [빠른 선택 도구(Quick Selection Tool)]는 [개체 선택 도구(Object Selection Tool)]를 길게 클릭해
   선택할 수 있다.

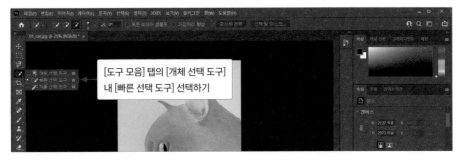

그림 7.35 [도구 모음] 탭 [개체 선택 도구] → [빠른 선택 도구] 클릭

5. 상단 메뉴 바에서 브러시 크기를 조정하는 도구를 클릭해 브러시 사이즈를 적절하게 설정한다.

그림 7.36 브러시 사이즈 조정하기

6. 상단 메뉴 바의 브러시 [+] 모양(가장자리 추가)과 [−] 모양(가장자리 삭제) 버튼을 이용해 원하는 영역을 선택, 이미지의 윤곽선을 세밀하게 정리한다.

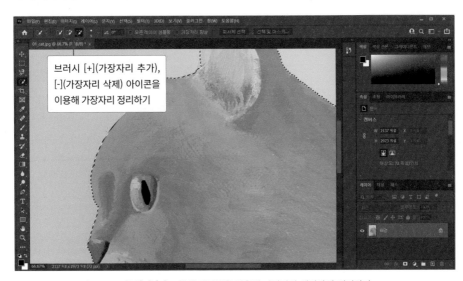

그림 7.37 브러시 [+], [−] 모양의 아이콘을 이용해 가장자리 세밀하게 정리하기

7. 배경이 제거된 이미지를 저장하기 위해 [파일(File)] 메뉴의 [내보내기(Export)]를 클릭한 후 [웹용으로 저장(레거시)(Save for Web (Legacy))]를 클릭한다.

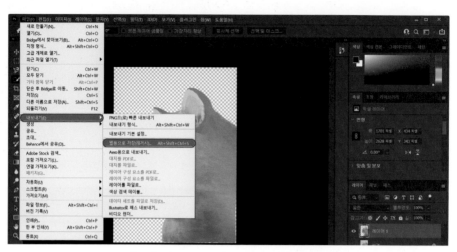

그림 7.38 [파일] → [내보내기] → [웹용으로 저장(레거시)] 클릭

8. 사전 설정 오른쪽의 드롭다운 메뉴를 클릭해 'PNG-24'로 변경하여 저장을 완료한다.

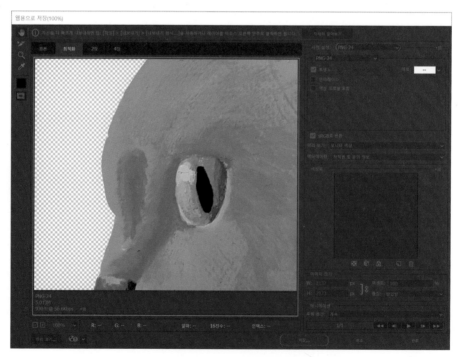

그림 7.39 파일 형식을 PNG-24로 변경하여 저장하기

이미지 합성하기

예제 파일 ch07/ex03_bg.jpg, ch07/ex01_cat.jpg

이번 예제에서는 배경 그림과 앞서 배경 이미지를 제거한 고양이 이미지를 합성해 오른쪽 그림과 같이 합성한 이미지를 만들어볼 거야.

그림 7.40 두 개의 이미지 합성하기

1. 합성할 이미지 중 배경으로 활용할 이미지를 불러온다.

그림 7.41 배경 이미지 불러오기

2. 배경 위 합성할 이미지를 앞서 설명한 대로 배경을 제거한다.

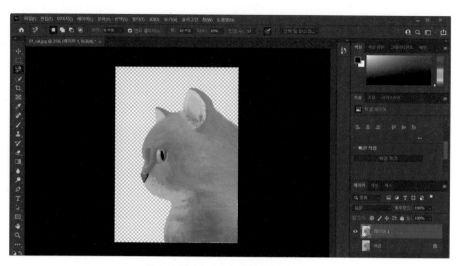

그림 7.42 합성할 이미지 배경 제거하기

3. 처음 불러온 배경 이미지 위에 배경을 제거한 두 번째 이미지를 복사하여 삽입한다.

> **TIP** 배경 위 삽입한 이미지의 위치를 조정하고 싶다면?

삽입 이미지 [레이어 1(Layer 1)] 클릭 → 왼쪽 [도구 모음] 내 [이동 도구(Move Tool)] 클릭 → 마우스
를 드래그하여 원하는 위치로 조정

그림 7.43 두 개의 이미지 합성 후 삽입한 이미지 [레이어 1] 선택 → [도구 모음] 탭 내 [이동 도구] 클릭
→ 이미지의 위치 조정하기

TIP 삽입한 이미지의 크기를 조정하고 싶다면?

삽입 이미지 [레이어 1(Layer 1)] 클릭 → 오른쪽 박스 캔버스 [속성] 내 [변형]에서 픽셀 사이즈를 바꿔 크기를 조정한다.

만약 이미지의 비율을 현재와 동일하게 하고 싶다면 쇠사슬 고리 모양의 아이콘을 유지하고, 자유롭게 변형하고 싶다면 쇠사슬 고리 모양의 아이콘을 한 번 더 클릭하여 해제한 후 크기를 조정한다.

또는 삽입 이미지 [레이어(Layer 1)] 클릭 → Ctrl+T(이미지 크기 조절 단축키) 누르기 → 이미지의 양 끝에 생성된 네모 박스를 마우스로 드래그하여 사이즈를 조정한다.

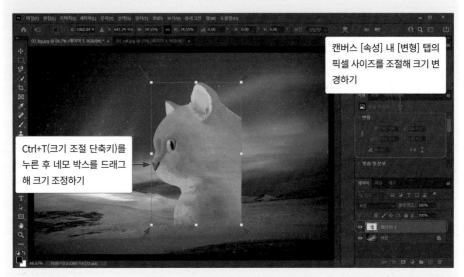

그림 7.44 합성한 이미지의 사이즈 조정하기

TIP 삽입한 이미지의 개수를 조정하고 싶다면?

삽입 이미지 [레이어 1(Layer 1)] 클릭 → Alt 키를 누른 채로 마우스를 드래그하여 원하는 개수만큼 복사한다.

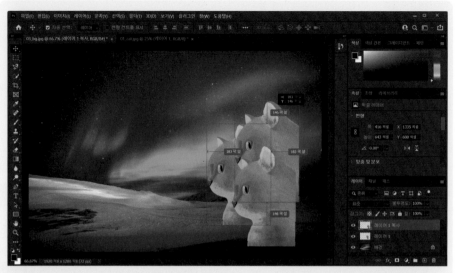

그림 7.45 합성한 이미지의 개수 조정하기

목업 파일 제작하기

목업(Mock-up)이란 실물 모형이란 뜻으로 특정 이미지를 실물처럼 입체적으로 보이게 만든 것을 말해. 액자나 포스터가 걸려 있는 부분에 원하는 이미지를 넣어 입체적으로 구현하는 것인데, 다음 예시 이미지를 보면 쉽게 이해할 수 있어. 특히 SNS 콘텐츠 이미지를 제작할 때 목업 파일의 형식을 활용하면 훨씬 더 퀄리티 있는 디자인을 완성할 수 있어 추천해.

예제 파일 ch07/ex01_cat.jpg, ch07/ex05_poster_mockup_lq.psd

이번 예제에서는 다음 그림과 같은 목업 파일에 고양이 이미지를 삽입하여 마치 포스터와 같은 입체적인 이미지를 만들어 볼게.

그림 7.46 원하는 이미지를 입체적인 목업 파일로 만들기

1. 목업 파일을 무료로 다운로드할 수 있는 사이트를 통해 배경으로 활용할 파일을 내려받는다.

POINT 대표적인 사이트 추천: 목업월드(https://www.mockupworld.co)

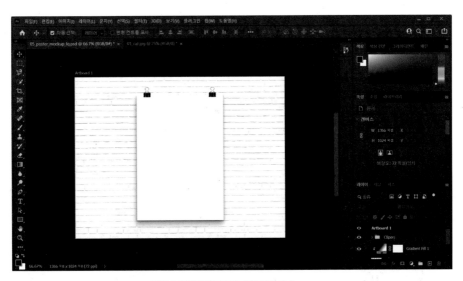

그림 7.47 내려받은 목업 파일 불러오기

2. 불러온 목업 파일 내 삽입할 이미지를 가져온다.

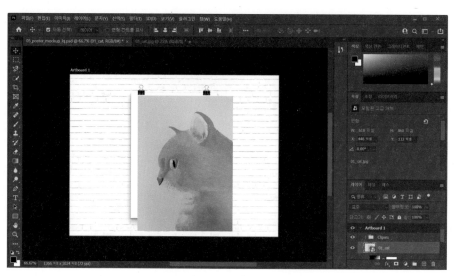

그림 7.48 목업 파일 내 삽입할 이미지 가져오기

3. 삽입할 이미지의 [레이어]를 선택한 후 마우스 오른쪽 버튼을 클릭하여 [클리핑 마스크 만들기(Create Clipping Mask)]를 선택한다.

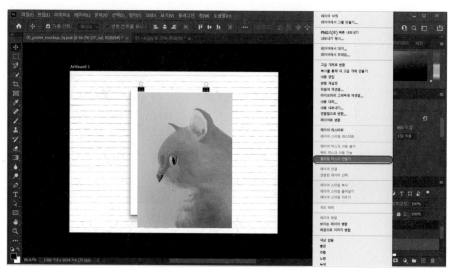

그림 7.49 삽입할 이미지를 클리핑 마스크로 만들기

4. 3번까지 진행했는데 이미지가 제대로 보이지 않는다면 레이어의 순서가 잘못된 것이므로, 삽입한 이미지 [레이어]가 [Clipers] 레이어와 [Edit This]와 [BG] 레이어 사이에 위치할 수 있도록 마우스로 드래그하여 [레이어]의 순서를 조정한다.

그림 7.50 레이어의 순서를 조정해 목업 파일 완성하기

온라인 사이트를 활용해 효율적으로 디자인 템플릿 만들기

도표나 그래프 등 기본적인 인포그래픽을 기반으로 한 서류를 작성할 때 보통 어떻게 진행했어? 엑셀에 자룻값을 넣고 그걸 표나 그래프로 만들어 해당 이미지를 자료의 필요한 부분에 복사해 넣는 방식으로 진행하는 게 일반적인 방법이지. 하지만 다음에 소개할 세 가지 온라인 사이트를 활용하면 좀 더 쉽게 퀄리티 높은 이미지를 만들 수 있어. 특히 요즘 SNS 콘텐츠 등에도 많이 사용하는 카드 뉴스, 인포그래픽을 포함해 기본적인 보고서까지 세 가지 카테고리에 적합한 사이트를 선별해 정리했어. 여러 프로그램을 사용하는 것이 귀찮거나 시간이 부족할 때 다음 내용을 참고하면 효율적으로 원하는 자료를 만드는 데 도움이 될 거야.

이미지 배경 제거하기 - 리무브

파워포인트와 포토샵 외 리무브(https://www.remove.bg/ko)라는 온라인 사이트를 활용하면 간편하게 이미지의 배경을 제거할 수 있어. 간단히 방법을 소개할게.

1. 사이트에 접속한 후 배경을 제거할 이미지를 업로드한다.

그림 7.51 리무브 사이트에 배경을 제거할 이미지 업로드하기

2. 배경이 제거된 이미지를 다운로드한다.

그림 7.52 배경이 제거된 이미지 다운로드하기

카드 뉴스 템플릿 만들기 - 미리캔버스

카드 뉴스 템플릿 제작에는 미리캔버스(https://www.miricanvas.com)라는 플랫폼을 활용하면 좋아. 다른 사이트에 비해 저작권 문제없이 사용 가능한 이미지가 많아서 SNS 콘텐츠 용도인 카드 뉴스를 제작하기가 가장 용이하기 때문이야.

1. 사이트에 접속한 후 템플릿에서 '카드 뉴스'를 검색한다.

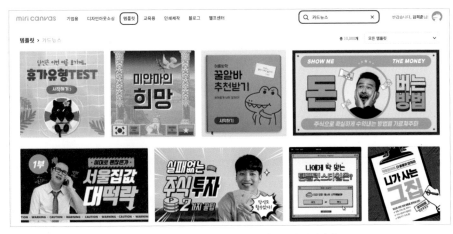

그림 7.53 미리캔버스 사이트에서 '카드 뉴스' 템플릿 검색하기

2. 원하는 카드 뉴스 템플릿을 선택한 후 [이 템플릿 사용하기]를 클릭하여 편집을 시작한다.

그림 7.54 카드 뉴스 템플릿을 선택하여 편집 시작하기

3. 텍스트 편집은 템플릿이 제공하는 샘플 이미지 내 텍스트를 더블 클릭하여 원하는 대로 입력하여 수정한다.

> **POINT** 왼쪽의 도구란을 통해 폰트의 종류, 크기, 위치 등 미세한 조정이 가능하다.

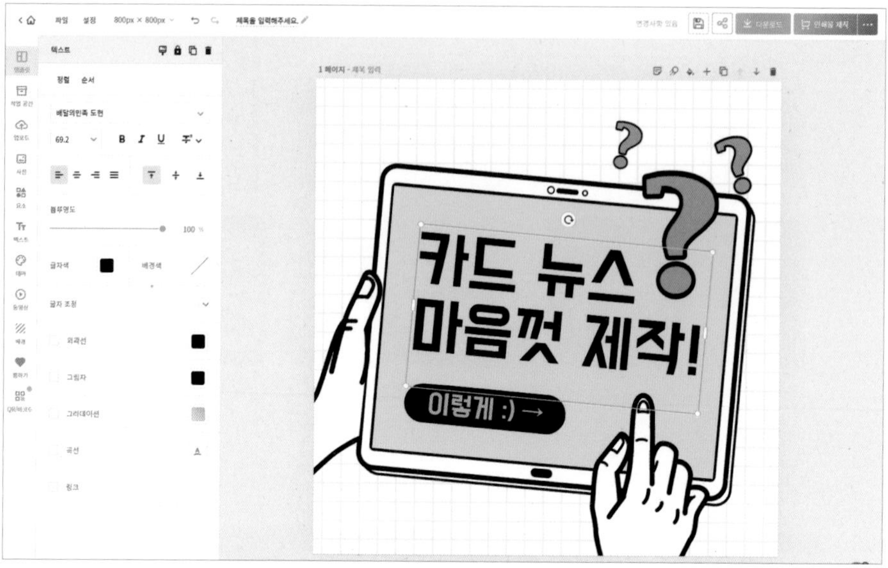

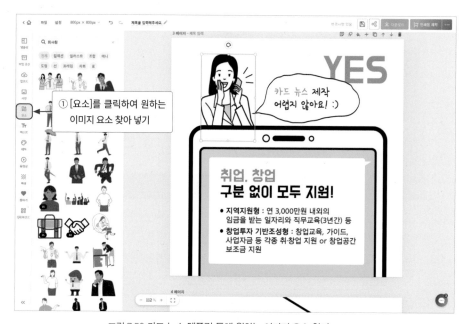

그림 7.55 카드 뉴스 템플릿 내 텍스트 수정하기

4. 이미지 편집은 ①왼쪽 도구란에서 [요소]를 클릭한 후 ②원하는 이미지를 검색하여 삽입한다.

그림 7.56 카드 뉴스 템플릿 통해 원하는 이미지 요소 찾기

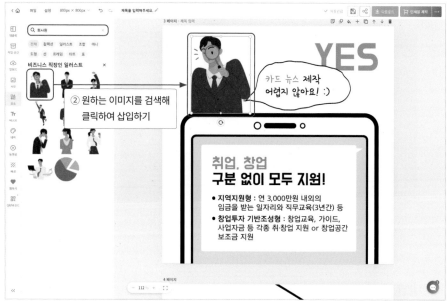

그림 7.57 카드 뉴스 템플릿 이미지 수정하기

자료에 필요한 인포그래픽 만들기 – 망고보드

망고보드(https://www.mangoboard.net)는 세 개의 사이트 중 인포그래픽에 가장 특화된 플랫폼이야. 다음 이미지처럼 템플릿 카테고리에서 각각 확인 가능하며 활용 가능한 도표와 그래프가 가장 많이 정리돼 있거든. 다만, 저작권 보호가 걸린 이미지들이 꽤 있는 편이라 워터마크로 명확하게 출처를 표기해야 하는 경우가 있으니 주의해야 해.

1. 사이트에 접속한 후 템플릿에서 [인포그래픽세로] 또는 [인포그래픽가로]를 선택한다.

그림 7.58 망고보드 사이트 내 인포그래픽 카테고리 클릭하기

2. 원하는 템플릿을 선택한 후 [이 템플릿 편집하기] 클릭하여 편집을 시작한다.

그림 7.59 인포그래픽 편집 시작하기

3. 텍스트 편집은 템플릿이 제공하는 샘플 이미지 내 텍스트를 더블 클릭하여 원하는 대로 입력하여 수정한다.

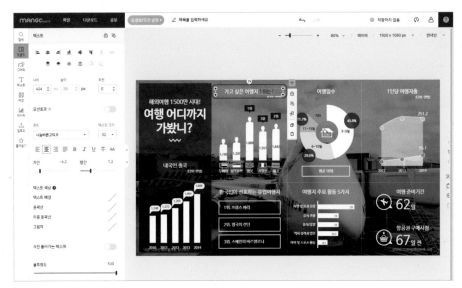

그림 7.60 인포그래픽 템플릿 내 텍스트 수정하기

4. 인포그래픽 편집은 템플릿이 제공하는 샘플 도표, 그래프 이미지를 더블 클릭하여 원하는 수치를 입력하여 수정한다.

> **POINT** [직접 입력] 시트로 수치를 입력해도 되고, [구글 스프레드시트]와 연동하여 작업 중인 문서를 불러와 활용할 수도 있다.

그림 7.61 인포그래픽(도표/그래프/이미지) 정보 수정하기

문서 디자인 작업을 위해 알아 두면 좋은 체크리스트 TIP

디자인 감각이 없어 문서를 만드는 데 힘들다고 생각한 적 있어? 그런 걱정은 하지 않아도 괜찮아. 왜냐하면 문서 작업에 있어 화려한 디자인 기술이 필요한 건 아니거든. 중요한 건 읽는 사람이 자료를 한눈에 이해하기 쉽게 만드는 일이야. 폰트와 색감 구성만 잘해도 이처럼 가독성 높은 문서를 완성하는 데 많은 도움이 될 수 있어. 그래서 무료 폰트 찾는 법부터 색감을 구성하는 법까지 디자인 작업을 위해 알아두면 좋은 체크리스트를 정리했어.

무료 폰트 찾기

가독성에 중요한 것 중 하나가 바로 폰트야. 자료의 콘셉트에 맞춰 활용하면 내용을 더 효과적으로 전달할 수 있거든. 진지하고 무게감 있는 주제의 자료라면 명조체를 사용하면 좋고 가볍고 유쾌한 아이디어를 정리한 자료라면 그에 맞는 밝은 느낌의 고딕체를 활용하면 좋겠지? 이를 위해 무료로 다양한 폰트를 내려받을 수 있는 사이트를 소개할게.

한글은 눈누(https://noonnu.cc)가 가장 대표적인 사이트라고 할 수 있어. 원하는 폰트를 클릭하면 다음과 같이 저작권 세부사항을 확인할 수 있는데 허용 여부를 반드시 확인하고 사용하는 게 좋아.

라이선스 요약표

카테고리	사용 범위	허용여부
인쇄	브로슈어, 포스터, 책, 잡지 및 출판용 인쇄물 등	O
웹사이트	웹페이지, 광고 배너, 메일, E-브로슈어 등	O
영상	영상물 자막, 영화 오프닝/엔딩 크레딧, UCC 등	O
포장지	판매용 상품의 패키지	O
임베딩	웹사이트 및 프로그램 서버 내 폰트 탑재, E-book 제작	O
BI/CI	회사명, 브랜드명, 상품명, 로고, 마크, 슬로건, 캐치프레이즈	O
OFL	폰트 파일의 수정/복제/배포 가능. 단, 폰트 파일의 유료 판매는 금지	X

그림 7.62 폰트 저작권 세부사항 (출처: 눈누 사이트)

■ 영문 - Dafont 사이트 활용하기

영문 폰트는 Dafont(https://www.dafont.com)에서 내려받을 수 있어. 눈누처럼 다양한 영문 폰트를 제공하는데, 이 또한 마찬가지로 허용 가능한 저작권의 범위를 확인하고 사용하는 것이 필요해.

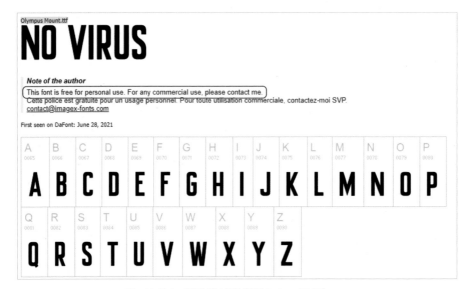

그림 7.63 폰트 저작권 세부사항 (출처: Dafont 사이트)

무료 이미지 찾기

시각적인 이미지가 더해지면 자료의 이해도도 높아지기 마련이야. 따라서 문서 내 적절하게 이미지를 활용하면 완성도 높은 자료를 완성할 수 있어. 이렇게 이미지를 활용할 때 회사 내부에서만 볼 자료라고 하더라도 저작권을 신경 쓸 필요는 있어. 언제 어떻게 그 자료가 활용될지 알 수 없으니까. 상업적으로 활용해도 무방한 다양한 이미지를 공유해주는 사이트를 소개할게.

- **픽사베이**(https://pixabay.com/ko)/ **프리픽**(https://www.freepik.com): 가장 대중적이고 기본적인 이미지 제공 사이트라 할 수 있어.
- **언스플래시**(https://unsplash.com): 10일마다 10장씩 이미지를 업로드하는 사이트로 누구나 자신의 사진을 올릴 수 있기에 작가별로 이미지 검색이 가능하다는 것이 큰 특징이야.
- **픽점보**(https://picjumbo.com): 다른 사이트들과 달리 아카이브 형태의 이미지가 많은 것이 특징으로 블로그와 같은 SNS 게시용으로 활용하기에 알맞은 실용적 이미지가 많아.
- **아이콘파인더**(https://www.iconfinder.com): 일러스트 스타일의 아이콘 이미지를 제공하는 사이트야.

문서 내 색상 구성하기

기획안과 기타 서류의 가독성을 높여주는 중요한 요소 중 하나는 바로 색상이야. 특별한 디자인 요소를 넣지 않아도 색상 조합만으로 훨씬 깔끔한 자료가 될 수 있거든. 색에 대한 감각이 없다고 좌절할 필요는 없어. 대단한 컬러 사이트를 조사할 필요도 전혀 없어. 다음처럼 간편한 구글 검색을 통해 굳이 애쓰지 않고도 효율적으로 색상을 구성할 수 있으니까.

구글에서 '컬러 팔레트'를 검색하여 색상 구성에 참고한다.

진행하고자 하는 프로젝트 또는 정리하고자 하는 문서 내용의 콘셉트에 맞는 핵심 컬러를 기준으로 구글에서 컬러 팔레트를 검색하면 돼. 예를 들어 프로젝트의 핵심이 레트로라면 레트로 팔레트(Retro Palette)를, 우리 브랜드의 고유 컬러가 파랑이라면 블루 팔레트(Blue Palette)를 검색하는 거야. 구글 사이트 특성상 영어로 검색하면 더 많은 양의 정보를 확인할 수 있으므로 영어로 찾는 걸 추천해.

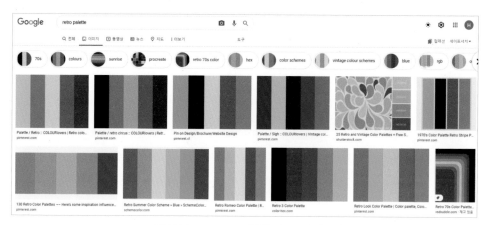

그림 7.64 Retro Palette 검색 (출처: 구글 검색 화면)

이렇게 컬러 팔레트를 검색했다면 마음에 드는 팔레트를 하나 골라 다운로드하는 거야. 그리고 해당 팔레트 안의 색상을 활용해 텍스트 또는 도형, 그래프 등의 이미지를 정리하면 다양하고 많은 양의 정보도 하나의 문서로 정리되는 효과를 얻을 수 있어.

컬러 팔레트를 추천해주는 다양한 온라인 사이트 활용

컬러 팔레트를 검색하기 귀찮거나 프로젝트까지 남은 시간이 얼마 없어 더 빠르게 문서 작업을 완료해야 하는 경우라면 다음의 온라인 사이트를 추천해.

1. 컬러 헌트(https://colorhunt.co): 콘셉트별 혹은 랜덤한 구성의 컬러 팔레트를 제공한다.

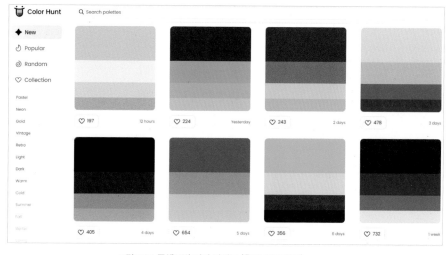

그림 7.65 콘셉트별 컬러 팔레트 (출처: 컬러 헌트)

2. 컬러 드롭(https://colordrop.io): 다양한 색 조합의 컬러 팔레트를 제공한다. 특히 초보자가 쉽게 사용하기 어려운 단색을 활용한 컬러 팔레트를 살펴볼 수 있다는 장점이 있다.

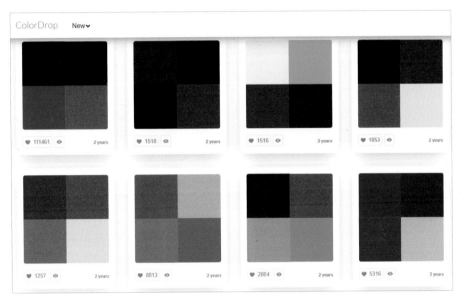

그림 7.66 다양한 색 조합의 컬러 팔레트 (출처: 컬러 드롭)

3. 반쉐이더(https://vanschneider.com/colors): 배경색에 어울리는 폰트의 색상을 제공한다. 파워포인트 등을 통해 다양한 문서를 만들 때 유용하게 활용해볼 만하다.

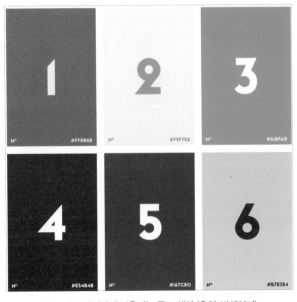

그림 7.67 배경색에 어울리는 폰트 색상 (출처: 반쉐이더)

4. 팔레터블(https://www.palettable.io): 다른 사이트와 달리 간편하게 컬러를 테스트해볼 수 있다. 이를 통하여 원하는 컬러 팔레트를 설정하면 조금 더 나의 취향에 맞는 컬러 팔레트를 완성할 수 있다.

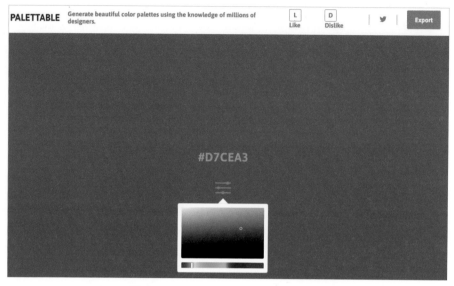

그림 7.68 취향에 맞는 컬러 팔레트를 위한 테스트 (출처: 팔레터블)

저작권 및 유의사항

하나의 문서를 완성하기까지 글, 이미지 등 여러 자료를 참고하기 마련이지. 그 과정에서 저작권 세부사항에 유의할 필요가 있어. 앞서 소개한 폰트, 이미지 다운로드 사이트를 이용하더라도 개별 페이지에 기재된 저작권 허용 범위에 관한 상세 사항을 반드시 확인해서 사용해야 해. 만약 저작권 관련한 사항이 애매하게 느껴진다면 굳이 무리해서 사용하지 않는 방향을 추천해. 또한 타 기관에서 제공한 데이터를 인용할 때는 반드시 출처를 명기하는 것도 잊지 말자. 한 가지 더 당부하고 싶은 부분은 블로그와 같은 개인 SNS의 글을 공식적인 자료에는 인용하지 않는 것이 좋다는 점이야. 신뢰도 높은 정식 기사와 공식 기관에서 제공하는 정책 자료를 활용하는 게 더 정확하거든. 물론 요즘은 블로그에도 비교적 높은 수준의 정보가 많지만 아무래도 개인이 가공한 2차 정보는 오해의 소지가 있을 수 있으므로 언제나 원본, 본래의 공식적인 자료를 가져오는 것이 가장 안전하고 정확한 방법이야. 이런 부분까지 조금 더 세심하게 챙겨 정리한다면 막내로서 실수 없이 탄탄한 문서를 완성할 수 있을 거야.

08

회의를 준비하고
진행하고 정리하는 데
하루가 끝나 버린다면

전문적인 업무는 물론 회사라는 공간 안에서 하루를 버텨내기도 쉽지 않은 막내에게 회의는 더욱 무게감이 크게 느껴질 수밖에 없어. 단순히 회의 내용에 대한 준비뿐 아니라 회의실 예약, 음료 세팅, 장비 테스트 등 외적으로도 준비해야 할 것이 생각보다 많기 때문이야.

특히 회의는 누군가가 A부터 Z까지 알려주기도 애매한 영역이라 물어보기도 쉽지 않은데, 혼자서 부딪히다 보면 시간이 불필요하게 많이 소모되기도 해. 회의 진행 시간이 1시간이라 하더라도 이를 준비하고 정리하는 시간을 포함하면 반나절쯤은 순식간에 흘러가 버리곤 하니까. 무엇보다 가장 중요한 회의의 핵심을 제대로 소화하지 못한 채로 준비하고 정리만 하는 '세팅러'에 머물러 버릴 수도 있어. 그래서 이번 챕터는 회의에 막연한 부담감을 느끼는 막내들을 위해 시간을 최대한 절약할 수 있는 회의 준비 과정을 정리했어.

회의 성격과 유형에 따른 준비 사항

회의는 구성원과 성격에 따라 크게 네 가지 유형으로 나눠볼 수 있어. 참여하는 구성원에 따라 팀 내부 회의와 외부 관계사들과 함께하는 회의, 그리고 회의 성격에 따라 준비한 내용 및 추후 일정을 공유하는 브리핑 위주의 회의, 다양한 아이디어를 공유하고 이야기하는 아이데이션 회의로 나눌 수 있지. 당연히 어떤 회의인가에 따라 준비해야 할 것도 달라져. 이제 회의 유형에 따라 무엇을 어떻게 준비해야 하는지 알아볼게.

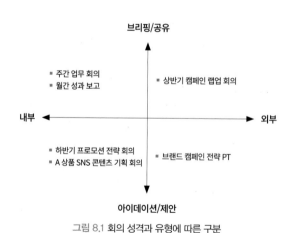

그림 8.1 회의 성격과 유형에 따른 구분

이 도표는 성격과 유형에 따라 회의의 종류를 구분해 본 거야. 세부적인 사항은 다음의 각절을 통해 보다 더 자세하게 설명할게. 상황에 따라 내가 당장 참여해야 하는 회의는 어떤 종류에 속하는지, 무엇을 준비해야 할지 정리해보면 도움이 될 거야.

무엇을 위한 회의인가

일을 시작하기에 앞서 목적을 체크하는 것은 모든 업무의 기본이자 가장 중요한 부분이야. 회의를 준비할 때도 역시 가장 먼저 해야 하는 일은 회의의 목적을 확인하는 거지. 단순히 아젠다를 읽고 들어가는 정도가 아니라 '이번 회의는 어떤 결론을 내기 위해 진행하는 것'인지 예상해보는 거지.

예를 들어, '2022년 2분기 A 프로젝트 마케팅 실행 회의'를 진행한다고 가정해 볼게. 만약 마케팅, 영업 등 프로젝트와 관련된 모든 부서가 참여하는 전체 회의라면 '3분기에 달성해야 할 정량적·정성적 목표치를 공유하고, 추후 우리 부서의 전략을 세울 때 참고할 수 있게 다른 부서들의 상황을 파악하는 것'이 회의의 목적이 될 수 있겠지.

같은 '2022년 2분기 A 프로젝트 마케팅 실행 회의'라 하더라도 마케팅 부서 내부 담당자들을 중심으로 진행되는 회의라면 '**정해진 A 프로젝트의 목표치에 맞게 기간별, 단계별 세부 전략을 구체적으로 논의하는 것**'이 목적이 될 수 있을 테고.

이처럼 같은 회의라도 참석자와 논의 내용에 따라 목적이 달라질 수 있어서 미리 회의 결과를 시뮬레이션해보는 과정이 필요해. 경험이 쌓이면 자연스럽게 알게 되는 과정이겠지만, 막내로서는 익숙하지 않을 수 있기 때문에 의식적으로 먼저 생각해보는 자세를 갖고 임하면 회의에 더 빨리 적응해 더 많은 것을 얻을 수 있어.

누구와 하는 회의인가

조직 내부 회의

조직 내부 회의는 루틴으로 진행되는 주간회의부터 월간 성과 보고 회의, 그리고 직급별/팀별 회의 및 여러 부서가 함께 진행하는 총회의 등 직급과 형태에 따라 세부적으로 다양하게 나눌 수 있어. 막내가 참여하는 회의도 있지만 직접 들어가지 않는 회의라도 각종 예약 및 자료 출력 등 사전 준비를 해야 할 수도 있기 때문에 공유받은 전체 스케줄을 잘 확인하고 놓치는 부분이 없는지 체크해두는 걸 추천해.

외부 관계사 회의

상대적으로 빈도는 낮지만, 직접 만나서 조율하거나 세부적으로 이야기할 필요가 있을 때 진행하는 회의야. 즉 서로 원하는 바가 있어 설득과 조율이 이뤄지기 때문에 회의를 준비할 때 내부 의견뿐만 아니라 상대방의 입장까지 고려해 준비하면 진행이 훨씬 매끄러울 거야. 회의에 참여하는 외부 업체가 궁금해할 부분, 요구 조건 등을 미리 고려해 질문거리 및 리액션을 함께 준비하면 좋아.

물론, 아직 막내인지라 회의에서 주도적으로 묻고 답하기 어려울 수 있어. 하지만 이런 회의에 참여하는 것 자체로도 팀 상사나 협업 업체 담당자의 말하는 방식부터 의견을 제시하고 답하는 태도 등 다양한 업무 노하우를 습득할 좋은 기회가 될 수 있어. 적극적으로 임하면 그만큼 많은 걸 얻을 수 있을 거야.

어떤 종류의 회의인가

브리핑/공유 차원의 회의

전체 진행 상황을 공유하는 차원의 내부 회의는 정말 많이 진행하는 회의 중 하나야. 상사 입장에서는 지시한 사항이 어떻게 진행되고 있는지 주기적인 체크가 필요하고, 사원 입장에서는 진행 상황을 보고한 후 필요한 피드백을 얻을 수 있기 때문에 이런 식의 내부 회의는 반드시 필요하지.

보통 막내일 때 이런 회의에 참여하면 특별한 의견 제시 없이 듣기만 할 때도 많아. 하지만 나의 업무와 직접적인 관련이 없는 사안이라도 시간을 내어 회의에 참여하고 어떤 논의가 오가는지 파악한다면 업무에 더 많은 도움을 받을 수 있어. 내가 처리하는 작은 단위의 업무에만 집중하다 보면 큰 그림을 보는 데 한계가 있으니까.

예를 들어, 내가 요즘 진행하는 업무가 'A 자료조사'라고 가정해보자. 이 일은 상위 카테고리인 'A 프로모션 전략'이라는 전체 업무 흐름 안에 존재하는 영역이기도 해. 이럴 때 회의에서 다른 구성원의 업무와 일정, 진행 현황 등을 함께 확인할 수 있기 때문에 일을 평소보다 더 넓은 시각으로 볼 수 있어 도움이 많이 될 거야.

아이데이션 회의

업종에 따라 그 형태와 방식이 조금씩 다를 수 있지만, 잘 다듬어진 의견을 내는 게 중요한 회의라기보다는 다양하고 새로운 아이디어를 검토하고 결정하는 차원에서 진행하는 회의야. 이런 아이데이션 회의에서도 자료 준비는 중요해. 특별히 정해진 포맷이 없는 자유로운 회의라면 목적에 맞는 핵심 아이디어를 크게 세 가지 정도로 정리하면 좋아.

예를 들어 'A 판매 매체 전략' 아이데이션 회의라면 크게 오프라인, 온라인, 기타 세 영역으로 나눠 각각 정리해보는 거지. 브레인스토밍하듯이 곁가지를 쳐나가는 회의에서는 즉흥적으로 떠오르는 아이디어와 아이디어의 양이 중요하겠지만, 특별히 회의 시간이 타이트한 아이데이션 회의를 진행할 때는 위와 같은 방법으로 미리 정리해두는 게 효율적이거든.

회의를 진행하며 다른 사람들의 이야기를 듣고 서로 비슷한 아이디어가 있거나 혹은 내가 정리한 아이디어와 결합해 볼 수 있는 경우에도 유형/영역/부문으로 나누어 놓으면 큰 그림을 그리며 아이디어를 유의미한 방향으로 발전시켜볼 수 있기에 추천해.

회의 준비에 필요한 실전 체크리스트

오늘부터 2주 후 A 프로젝트의 마케팅 기획 안건으로 전 부서의 담당자가 참석하는 회의가 잡혔다고 가정해볼게. 무엇부터 시작하면 좋을지 막막한 막내를 위해 순서대로 체크리스트를 정리했으니 천천히 함께해보자고.

회의 시작 일주일 전: 일정 및 장소 정하고 안내하기

일정 및 인원수 취합하기

루틴으로 진행하는 회의나 일정을 미리 정한 회의가 아닌 경우, 각 참석자의 여건을 고려한 일정 확인이 필요해.

이때 모든 참석자에게 '이번 주 언제 시간이 괜찮으신가요?'라고 두루뭉술하게 확인하는 것보다는 회의를 주관하는 **리더가 참석 가능한 일정을 기준으로 나머지 참석자들의 참석 가능 여부를 'YES or NO'로 확인하는 것이 좋아.** 리더에게 가능한 일정 옵션을 3개 정도 요청하고, 세 가지 옵션 중 가능한 일정을 피드백 받아 가장 많은 인원이 참석할 수 있는 시간으로 정하는 거지.

그림 8.2 회의 일정 취합 문의 예시 메일

만약 정해진 시간에 참석하기 어려운 사람이 있다면 리더에게 보고한 후 해당 인원의 부재 상황을 공유해 두어야 해. 리더가 미리 팀원의 부재 사실을 알아야 이를 고려해 회의를 준비하거나 회의 일정을 변경하는 등 후속 조치를 할 수 있으니까.

참고로 참석자들에게 일정 관련 피드백을 요청할 때는 메일이든 메신저든 조직의 분위기와 진행하기 편한 방향에 맞춰 융통성 있게 물어보면 되는데, 피드백을 받아야 하는 기한을 명확하게 기재하는 게 중요해. 각자 업무로 바쁘기 때문에 데드라인이 없으면 그냥 흘려 넘길 수 있거든. 이럴 때 '최종 인원 확인 및 장소 예약을 위해 언제까지 피드백 부탁드린다'고 데드라인을 정해 말하면 더 정확하게 일정을 정리할 수 있을 거야. 위와 같이 회의 일정 확인 메일 예시를 넣어뒀으니 참고해서 활용하도록 해.

장소 정하기

일정과 인원수 확인을 마친 다음에는 장소를 예약해야 해. 좌석이 부족하지 않게 정해진 인원보다 좀 더 많은 사람이 참석할 수 있는 공간으로 정하는 것이 좋아. 사내 회의실이 아닌 외부의 별도 장소가 필요할 때는 다음을 기준으로 장소를 예약하자.

- **접근성: 참석자들이 쉽게 올 수 있는 곳 + 주차 여건 확인**

    오가는 시간이 불필요하게 많이 소요되는 곳이라면 회의하기도 전에 모두 지칠 수 있어. 그러니 적당히 가까운 곳으로 선정하는 게 좋아. 또한 가능하다면 주차 여건도 문제없는 곳으로 정하고 별도 주차비가 드는 곳이라면 비용도 함께 안내하면 방문한 참석자들이 불편함 없이 입·출차하는 데 도움이 돼.

- **기본 설비 여건**

    좌석 수, 테이블 컨디션, 개별 노트북 사용 등을 고려한 전원 플러그(부족 시, 멀티탭 챙기기), 와이파이 제공 여부 및 빔프로젝터 사용 등의 시스템 사항을 확인해.

- **기타 사항: 회의를 예약한 시간대 전후로 진행되는 타 회의가 없는지 확인**

    회의 시작 전 다른 회의가 있다면 준비 시간이 빠듯할 수 있기 때문에 가능하면 1시간 정도는 여유를 두고 예약하는 게 좋아. 종료 후 다른 회의가 잡혀 있다면 회의가 늘어져선 안 되기 때문에 미리 회의 주관자인 리더에게 상황을 공유해 두어야겠지.

> **TIP** 외부 회의 장소 간편하게 찾는 방법

- **스페이스클라우드(https://www.spacecloud.kr)**

그림 8.3 스페이스클라우드 회의 공간 검색 예시

회의실을 비롯한 악기 연습실, 촬영 스튜디오 등 다채로운 공간 대여를 지원해주는 플랫폼이야. 일일이 검색하다 보면 시간이 오래 걸리고 생각보다 좋은 곳을 찾기 어려울 수 있기 때문에 해당 플랫폼을 통해 빠르고 간편하게 검색 및 대여하는 걸 추천해.

안내 메일 & 메시지 보내기

장소 예약을 완료했다면 다음으로 회의 참석자들에게 전체 내용을 정리해 전달하는 과정이 필요해. 이때 단순히 일정 · 장소만을 공유하기보다는 물리적 여건과 함께 전체 회의명과 회의에서 다룰 주요 아젠다를 함께 안내해 참석자들이 필요한 내용을 다시 한번 정확하게 상기할 수 있게 정리해주는 것이 좋아.

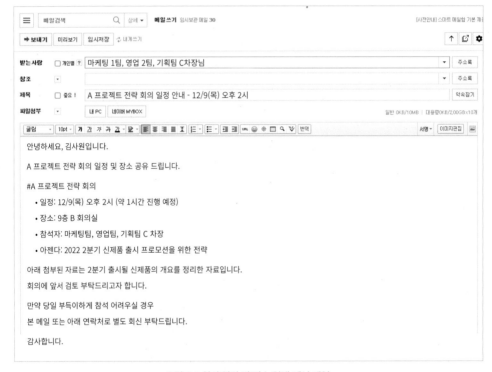

그림 8.4 회의 일정 및 장소 안내 예시 메일

만약 일정 조율에 시간이 더 걸릴 것 같다면 아젠다만이라도 메일로 미리 공유하는 게 좋겠지. '**A 아젠다에 관한 회의를 약 1~2주 후 진행하고자 한다. 세부 장소와 일정은 별도로 논**

의 드리고, 픽스되면 재공유 드리겠다'는 식으로 내용만이라도 사전에 공유해두면 회의 참
석자가 미리 체크하고 준비할 수 있으니까.

회의 시작 30분 전, 회의실 체크리스트

자, 드디어 회의 시작 30분 전이야. 실전에서 당황하지 않도록 미리 확인할 사항을 정리해
봤어. 누군가 회의실에 들어와 'OO은 무엇인가요? OO은 어디 있나요? 저는 어디에 앉나
요?' 같은 부가적인 질문이나 불편함 없이 바로 앉아 회의를 시작할 수 있도록 미리 체크하
는 과정이라고 생각하면 좋아.

1) 자리 배치 확인

요즘은 자유로운 분위기를 선호하고 회의 공간도 다양화되고 있기 때문에 예전만큼 민감하게 준비하진 않
아도 되지만, 기본적인 사항은 알고 있으면 도움이 돼. 일반적으로 '상석'은 출입문을 기준으로 반대편의 가
장 먼 자리를 말해. 이를 기준으로 직급에 따라 앉을 수 있다는 걸 고려해 자리를 안내하면 좋아.

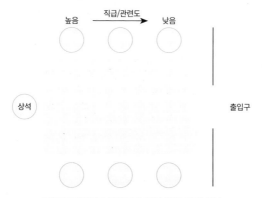

그림 8.5 직급 및 관련도에 따른 회의 자리 구분

- **조직 내부 회의 자리 배치**: 요즘은 직급별로 자리를 구분하지는 않는 분위기이기 때문에 특별히 전달
  받은 지시사항이 없다면 별도의 안내를 할 필요는 없어. 다만 회의를 주관하는 리더가 상석에 앉고 아
  젠다와 관련 있는 사람이 그 근처에 앉으면 회의 진행에 도움이 될 수는 있겠지.
- **협업 업체 회의 자리 배치**: 일반적으로는 방문자를 상석으로 안내하는 것이 기본 매너야. 하지만 방문
  자가 상석을 부담스러워할 수도 있으니, 상황에 맞게 배려해 각자 편하게 앉을 수 있게 정리하면 좋아.

2) 테이블과 좌석 수 확인

테이블이 지저분하지 않은지 눈으로 먼저 훑어보고, 필요하다면 깨끗하게 해두는 게 좋아. 또한, 의자는 인원수에 맞춰 준비되어 있는지 체크하는 게 필요해. 필요하다면 바로 보조석을 활용할 수 있게 여분의 의자도 챙겨 두고.

3) 자료 출력

회의의 참고 자료는 한눈에 파악하기 쉽게 컬러로 인쇄하는 것이 좋아. 특히 비주얼적인 요소를 검토해야 하는 자료나 도표나 그래프 등 시각 자료가 많은 경우에는 더더욱 컬러로 준비하는 게 필요해.

양이 많지 않은 간단한 회의자료는 스테이플러로 철해도 무방하지만, PT 형식처럼 많은 페이지의 자료가 있는 경우 스테이플러로는 잘 집히지 않고, 넘겨 보기에도 불편할 수 있어서 집게나 클립을 사용하는 게 더 좋아. 자료를 펼쳐 놓고 흐름을 보고 싶어 하는 참석자가 꼭 있거든.

4) 자료 세팅

회의자료를 테이블에 세팅할 때는 이렇게 하는 걸 추천해. 회의에서 다룰 아젠다가 여러 개라면 진행 순서대로 출력해 올려두고, 여러 팀이 참석해 각자가 정리한 개별 자료로 논의하는 방식이라면 해당 프로젝트에서 가장 중요하고 많은 일을 담당하는 팀 순서대로 자료를 올려두면 돼.

5) 시스템 확인

조명, 노트북, 빔프로젝터 등 회의 진행에 필요한 기기가 잘 작동되는지 미리 테스트해볼 필요가 있어. 더불어 요즘은 회의하면서 개별 노트북을 가져와 정리하는 참석자도 많기 때문에 전원을 연결할 수 있는 콘센트가 충분한지도 확인해야 해. 충분하지 않다면 미리 멀티탭을 챙겨 세팅해 두는 것이 좋고.

특히 처음 방문하는 장소거나 회사에 외부 업체가 함께 참석하는 자리라면 회의실 내부 공간에 크게 와이파이 연결 정보를 출력해 두거나, 출력한 회의 자료 위에 와이파이 정보가 담긴 작은 포스트잇을 붙여 놓으면 참석자가 불필요한 질문을 하지 않아도 되니 서로 편할 거야.

6) 다과 세팅

요즘은 코로나19로 인해 다과를 준비하는 일이 크게 줄었지만, 코로나 이전 기준으로 이야기해 볼게. 우선 다과의 종류는 개별 포장지를 뜯어 간편하고 깔끔하게 먹을 수 있는 과자나 간식으로 준비하는 것이 좋아. 주먹밥과 같이 냄새가 심한 종류는 회의에 방해될 수 있기 때문에 가급적 피해야 하고, 음료를 준비할 때는 종이컵과 큰 페트병을 두기보다 300~500mL짜리 개별 포장된 음료로 각자 편히 마실 수 있게 세팅하는 게 좋아.

온라인 화상회의 준비하기

지속되는 코로나19 이슈로 재택근무가 확산됨에 따라, 온라인 화상회의가 활성화되고 있어. 오프라인에서 회의할 때보다는 준비할 부분이 적지만, 자주 해보지 않은 방식이기 때문에 추가로 체크해야 할 부분도 있어. 우선 화상회의를 진행할 수 있는 대표적인 플랫폼으로는 구글에서 제공하는 구글 미트, 줌, 그리고 네이버에서 제공하는 웨일온 세 가지를 꼽을 수 있어. 다음 표는 세 가지 플랫폼의 가격과 장단점을 간략하게 요약한 거야.

(2022.05.28 기준)

구분	구글 미트 (Google Meet)	줌 (Zoom)	웨일온 (Whale On)
비용 (월간 요금 기준)	무료 – 100명/ 1시간 $8 – 150명/ 24시간	무료 – 100명/ 40분 $14.99 – 100명 / 시간 무제한 $19.99 – 300명 / 시간 무제한	무료 – 500명 /시간 무제한
사용 환경	• 접근성 용이(별도의 확장 프로그램 설치 필요 없음) • 구글 캘린더 호환 가능	• 녹화 가능 • 구글 캘린더 호환 가능	• 사용에 끊김이 있는 편 (But, HD급 화질 제공) • 네이버 캘린더 호환 가능

표 8.1 화상회의 플랫폼 비교

구글 미트와 줌은 각각 1시간 이상, 40분 이상 회의를 진행하려면 유료라서 결제가 필요해. 하지만 사용 편의성이 높아 두 플랫폼 모두 많이 사용되는데, 최근 네이버에서 웨일온이라는 새로운 플랫폼을 선보였어. 최대 500명이 접속해 무제한으로 회의를 진행할 수 있는데 무료라는 점에서 기존 구글 미트와 줌의 유료 가입자들을 다수 흡수하고 있지. 다만 사용 리뷰를 살펴보면 웨일온은 HD급 화질을 제공하지만, 그 때문인지 끊김 현상이 종종 나타난다는데 이런 장단점을 고려하여 자신에게 맞는 플랫폼을 이용하면 좋을 것 같아.

회의 후 효율적인 회의록 정리 방법

회의가 끝나면 그때부터 진짜 일이 시작된다고 할 수 있어. 내부적으로 회의록을 꼭 작성하고 공유하는 분위기가 아니더라도 간단히 회의록을 스스로 정리하면 업무의 흐름을 파악하는 데 많은 도움이 될 거야.

회의록 작성 방법

회의록을 정리하다 보면 하루가 다 지나 있을 만큼 생각보다 시간이 오래 걸릴 수 있어. 특히 아직 회의록 작성이 익숙하지 않은 막내일 경우 더하지. 미리 회의록 포맷을 정해두고 이 포맷을 채워나가는 방식을 활용하면 훨씬 더 효율적으로 회의록을 쓸 수 있을 거야.

회의 일자	2021. 11. 15
참석자	독고팀장, 남궁부장, 이대리, 김사원
회의 안건	A 프로젝트 마케팅 실행 회의
회의 내용	1. 오프라인 업체 활용 – 팝업스토어 (각 디테일 사항 추가하여 정리) 2. 온라인 인플루언서 활용 3. 광고 디자인 & 메인 카피 정리
향후 과제	1. 팝업스토어 인테리어 및 운영 업체 미팅 2. 온라인 인플루언서 리스트업 3. 팀별 메인 카피 아이데이션 취합

표 8.5 회의록 작성 예시

회의록에 반드시 들어가야 할 내용은 회의 개요야. 일시, 장소, 아젠다 등 주요 정보와 함께 오늘 회의에서 진행한 내용을 요약해 정리하면 돼.

다음으로 회의 내용이 들어가야겠지? 가능하다면 오늘 진행한 회의 내용을 육하원칙으로 깔끔하게 요약하고, 추후 논의하기로 한 내용은 별도 칸에 정리한 후 관련 담당자에게 회의록을 공유하면서 다시 한번 언급하는 게 좋아.

회의록을 작성하는 시간을 절약할 수 있도록 회의 중 실시간으로 회의 내용을 녹음하거나 중요 내용을 타이핑하는 걸 추천해. 이때 오타 등은 크게 신경 쓰지 말고 빠르게 논의 사항을 적으면 돼. 특히 주요 아젠다는 한눈에 알아보기 쉽게 별표 등 기호로 표시해 두는 게 좋아. 나중에 회의 내용이 기억나지 않더라도 메모한 내용을 바탕으로 정리할 수 있게 말이야.

특히, 회의 녹음 시에는 [클로바노트(https://clovanote.naver.com)] 툴을 활용하면 좋아. [클로바노트]는 녹음된 음성을 텍스트로 풀어주는 툴로서 녹음본을 다시 듣거나 녹취로 풀어내는 데 드는 시간을 절약할 수 있게 도와주거든. 사람의 발음에 따라 오타가 있을 수 있지만, 전체 흐름을 회고하면서 회의록을 정리하는 데는 무리가 없으니 잘 활용해보면 좋을 것 같아.

회의에서 얻어갈 수 있는 업무 팁 세 가지

막내로서 업무 파악이 쉽지 않다면 더욱 회의에 집중할 필요가 있어. 회의 때 오가는 대화를 들으며 전체적인 업무의 흐름을 익히고, 특정 일을 담당하는 담당자를 체크할 수 있기 때문이야. 예를 들어, 'A 건은 이대리', 'C 건은 최과장' 등처럼 내용을 적어두면 회사 내부로 관련 문의가 왔을 때 바로 연결할 수도 있고, 지난 업무를 팔로우해야 할 때 좀 더 쉽게 커뮤니케이션 라인을 파악할 수 있지.

막내라면 '내가 일할 때 도움이 될 수 있는' 세세한 부분까지 신경 쓰면 챙겨갈 수 있는 게 많으니 참고하는 게 좋을 거야. 나는 회의 중에 다음 세 가지를 꼭 파악하는 편이야.

- **커뮤니케이션 라인 파악**: 내가 잘 모르는 영역의 업무와 관련해서 사무실에 걸려 온 전화를 돌리거나 궁금증이 생겼을 때 해당 업무 담당자에게 바로 물어볼 수 있도록 이를 파악하는 방법이야.

- **오직 해당 담당자만이 확인할 수 있는 구체적인 사항 적어두기**: 추후 연관 업무나 관련 커뮤니케이션을 하게 되었을 때 참고 자료로 활용할 수 있도록, 회의에서만 들을 수 있는 세부 정보를 함께 기록하고 있어. 예를 들어, 인플루언서와 협업해 광고를 진행한다면 '온라인 인플루언서의 진행 컨디션(비용/과정)', '광고 단가' 등 웹 검색으로 찾을 수 없는 사항을 회의에서 알 수 있겠지?

- **Bad 회의 매너 체크**: 아주 가끔 나의 회의 태도가 마음에 안 들 때 있잖아. 소심한 발언을 했다든지, 우물쭈물했다든지 말이야. 나는 사소한 것이라도 이런 일을 메모해두고 '앞으로 이런 건 하지 말자 리스트'로 정리하고 있어. 좋은 태도는 사실 당연한 이야기라서 크게 자극을 주지 못하는데, 별로인 태도는 정말로 각양각색인 터라 리스트업해두고 때때로 읽어보면 '내가 싫어하던 행동을 내가 했네' 하는 반성을 하게 되고, 실제로 좀 더 좋은 쪽으로 바뀌더라고.

Part 03

내가 원하는 나로서
나답게 일하기

09

매일 아침
약속한 듯 찾아오는 압박감에서
벗어나고 싶다면

막내로 일하면서 한동안은 아침 출근길이 답답하게 느껴졌던 적이 많았어. 떠올리려 하지 않아도 오늘 할 일을 어떻게 진행해야 할까부터 크고 작은 관계의 문제까지 머리를 가득 채우곤 했거든. 사회생활 7년 차가 지나면서 지금쯤이면 익숙해질 거라고 생각했던 것들도 온전하게 나아지진 않았어. 하지만 이런 불안함과 압박감을 다루는 나름의 방법을 찾을 수 있었어. 완벽하게 통제한다기보다는 감정으로 인해 업무에 지장을 주지 않도록 대처하고 관리하는 거지. 혹시 오늘도 출근길에 막막한 불안에 사로잡혔다면 이번 챕터에 나온 방법을 적용해보고 자신을 돌아보고 알아가는 과정을 가져봐도 좋을 것 같아.

막내에게 필요한 마인드 세팅

지금까지의 경험으로 내가 내린 직장생활의 '힘듦과 불안, 압박감'에 대한 결론은 완벽하게 떨치긴 어렵다는 것이야. 중요한 건 이런 사실을 받아들이고 어떻게 다루고 나아갈지 결단하고 선택하는 일이라고 생각해. 내가 회사에서 느꼈던 세 가지 큰 깨달음의 순간을 공유하면서 막내로서 어떤 마인드를 갖고 일하면 좋은지 이야기해 볼게.

처음부터 완벽을 추구하지 않고 수정 및 보완해 나갈 것

잘하고 싶은 마음이 앞서면 압박감이 생기기 마련이야. 막내라면 자신의 역량을 인정받고 싶은 욕구가 크기 때문에 더욱 압박을 느낄 수 있지. 나 역시도 그랬어. 어떤 초안이라도 내가 할 수 있는 베스트로 완성해야 한다고 생각했어. 하지만 사람인 터라 집중력의 한계가 있고 물리적으로 시간이 부족할 때도 있었어. 완벽해야 한다는 생각이 가득하니 이런 변수들을 견디고 일하는 게 쉽지 않더라고. 그때 팀장님께서 이런 말씀을 하셨어. **"이것이 우리의 최선이야. 이후엔 피드백을 받고 보충해보자."** 기획안을 완성해 가는 과정에 하신 말씀이었어. 지금 현재 상황에서 냉철하게 할 수 있는 최선임에 틀림없었지만, 더 잘하고자 하는 아쉬운 마음에 자료를 놓을 수가 없더라고. 그때 팀장님의 '최선'이란 말이 마음에 깊게 다가왔어. 팀원의 컨디션을 고려하지 않은 채 무리하게 추진하기보다는 현실적으로 우리가 가능한 최대치를 계산해준다는 점에서 나보다 더 넓은 시각을 가졌다는 것, 역시 팀장님이구나 하는 생각을 했지. 길게 보았을 때 처음부터 완벽을 추구하기보다 초안을 보완해 나가는 방법이 결국 더 양질의 자료를 만드는 데도 좋은 방법이라고 생각하는 계기가 되었어.

실수 자체보다 해결에 초점을 맞출 것

입사 초반, 하루 종일 실수 노트를 쓸 만큼 업무에 적응하는 데 꽤 많은 시간이 걸렸어. 똑같은 실수를 반복하고 좀처럼 나아지지 않는 상황에 점점 자신감을 잃어가는 것 같아 보이자 팀장님께서 이런 말씀을 해주셨어. **"실수는 누구나 해. 중요한 건 그다음이야. 어떻게 해결하는가 말이야."** 라고. 이를 계기로 '실수를 하지 말아야 해'라는 강한 압박에서 **'최대한 실수를 하지 말자. 그래도 하게 된다면 해결해 보자'** 로 생각의 전환을 하게 되었어. '실수를 하더라도, 그것을 풀어나갈 힘이 있다'라고 생각하게 되니까 오히려 조금 더 여유를 가질수 있더라고. 이런 마음가짐은 직장 생활의 크고 작은 영역에 많은 도움을 주었어. 중요한 건 언제나 문제 해결 능력이고, 여기에서 한 사람의 진정한 역량이 발현된다고 생각해. 막내로서 이런 점을 일찍이 인식한다면 원활한 직장생활을 하는 데 도움이 될 거야.

우리는 함께 일하는 동료라는 것

조직에 속한 우리 모두는 함께 일하는 동료라는 걸 잊지 말아야 해. 외부 행사와 내근 야근 업무가 겹쳤던 어느 날 특히나 더 지쳐 있을 타이밍에 선배와 업무에 관해 이야기를 문자로 나누다 질문을 받았어. **"오늘 야근으로 해야 할 일이 어떤 것인가요?"** 나는 가벼운 생각으로 이에 대해 답했고, 외부 행사를 마무리하고 회사에 다시 들어가려던 늦은 저녁 한 통의 메일을 받았어. 그것은 오늘 야근으로 해야 하는 일로 선배에게 말했던 것이었어. 그 메일에는 이런 내용이 적혀져 있었어. '겸사겸사 시간이 되어서 러프하게 초안을 작성해 보았습니다.' 선배 또한 바쁘다는 것을 알고 있는데 그런 배려를 해줄 수 있다는 것이 당시엔 충격적일 정도로 인상 깊었어. 역지사지로 내가 선배의 입장이었다면 그렇게까지 하기 힘들었을 텐데 정말 고마웠거든. 이를 통해 '함께 일한다는 것'의 의미를 다시 한번 생각하게되었어. 하루하루 내가 해야 하는 일을 미션처럼 클리어해 나가는 데 열중했던 나에게 팀원으로서, 동료로서 어떤 태도와 자세가 필요한지 한 번쯤 되새겨볼 수 있는 시간이었거든. 교과서적인 말을 싫어하지만 직접 느끼고 나니 얼마나 중요한지 알게 됐어. 함께 일한다는 것의 중요성을 말이야. 막내로서 내가 어떤 동료가 되면 좋을지 한 번쯤은 꼭 고민해보길 바랄게.

불필요한 걱정을 줄이는 방법

완벽하게 준비했다고 생각한 일도 실수한 건 없는지 왠지 모르게 불안한 적 있었어? 막내 때 나는 늘 만성적인 걱정과 불안 때문에 힘들었거든. 이런 상황을 개선하고 싶어서 많이 고민하고 정리한 방법을 알려줄게. 핵심은 추상적인 걱정을 생생하게 구체화해서 체크하고 해소하는 데 있어.

신경 쓰이는 일은 반드시 이유를 확인하고 해결할 것

가시적으로는 이미 처리한 일임에도 불구하고 찝찝하게 다가올 때는 어떻게 해야 할까? 예를 들어, 콜라보레이션 마케팅을 진행하는 A라는 업체와 세부사항에 대해 논의했다고 가정해 볼게. 우리의 가장 큰 핵심 제안은 TV CF 공동 광고였고, 함께 CF 영상을 이상 없이 만들고 있는데 어딘지 모르게 꿉꿉한 기분이 드는 거야. 그럴 땐 그 이유를 시간을 들여 생각해 봐야 해. '잘 진행되고 있는데, 무엇 때문에 내가 불안한지' 말이야. 생각해 보니 해당 영상을 TV 채널로 노출하는 데 대해 완벽하게 합의한 적이 없는 것 같은데, 회사 내부에서는 픽스된 상황으로 가정해 이야기가 오고 가고 있었던 게 이유였어. 이렇게 이유를 인지하면 반드시 바로 행동을 취해야 해. 그대로 두면 아무것도 해결되지 않으므로 1) A업체 담당자에게 전화를 걸어 해당 공동 광고 노출 건에 있어 TV 송출로 인지하게 맞는지 2) 아니라면, 우리가 원하는 바를 정확하게 이야기하고 피드백을 달라고 해야 해. 불편하고 어렵더라도 반드시 해결해야 해. 그래야 나중에 더 큰 문제를 예방할 수 있거든. 혼자서 판단하기 어렵다면 상사에게 보고하고 상의하여 진행하면 돼. 직장 생활에서의 확인은 언제나 하면 할수록 좋은 것이니까.

【 요약 】

Q. 진행 중인 일이 계속 마음에 걸리고 신경 쓰인다면

A. ① 불안한 이유 생각해보기

② 찾은 불안의 이유를 해결할 대책 마련하기

③ 스스로 판단하여 혹은 상사와 상의하여 해결책 실행하기

④ 불안감 해소하기

그래도 걱정이 끊이지 않는다면 최악의 상황을 가정해볼 것

신경 쓰이는 일의 이유를 찾고 해결했는데도 어떤 건에 대해 막연한 걱정이 든다면 어떻게 해야 할까? 앞서도 이야기했듯이 막연한 걱정과 불안을 구체화하는 게 중요해. 이럴 때는 최악의 상황을 가정해보고 대처 방법을 생각해 보는 게 좋아.

예를 들어, 위에서와 같이 콜라보레이션 마케팅을 진행하는 A 업체와 함께 공동 광고를 제작하고 있다고 해 볼게. 여기에서 최악의 상황은 공동 프로젝트가 무산되는 걸 거야. 만약 무산된다면 어떻게 해야 할지 생각해 보는 거야. 1) 지금까지의 진행에 든 인력과 시간, 기타 제반 사항에 든 비용의 총합을 통해 경제적인 측면에서 손해를 측정해 보는 거야. 2) 이 과정에서 나의 실수로 인해 벌어진 건 없는지, 과정을 복기하며 나에게 올 직접적인 타격을 생각해 보는 것도 좋고. 3) 회사 내부의 분위기와 A 업체와의 앞으로의 관계성 등 사회적인 측면에서의 리스크는 없는지도 체크해 보는 거지.

이런 식으로 여러 측면에서 생각해 보는 거야. 그리고 이런 일이 실제로 벌어진다면 그다음엔 어떻게 될까 구체적으로 그려봐. 1) 경제적 손해를 메꾸어 대체할 수 있는 다른 프로젝트를 진행할 수 있을 거고. 2) 나의 실수가 있었다면 이를 인정하고 반성해 다음번에 같은 과오를 반복하지 않게 스스로를 다져야 할 거야. 3) 사회적인 측면의 경우 즉시 해결되거나 컨트롤 할 수 없는 부분이 많겠지만 어느 정도 시간이 지나면 사실 해결될 가능성이 높아.

이처럼 최악의 리스크와 그 이후의 상황을 구체적으로 가정해보면 생각보다 큰일이 아닐 때가 많아. 막연하면 막연할수록 더 크고 버겁게 다가오는 법이거든. 물론 이렇게 가정한 최악의 상황까지는 일어나지 않는 게 대부분일 테지만 말이야. 최악을 가정하고 지금 내가 할 수 있는 부분을 다시 돌아보고 해결 방법을 찾고, 내가 컨트롤 할 수 없는 영역도 있다는 걸 아는 것. 이것만으로 불안과 걱정을 충분히 덜어낼 수 있어.

【 요약 】

> Q. 모든 불안 요소를 해결했는데도 막연한 불안감이 든다면
>
> A. ① 경제적, 사회적, 개인적 측면 등 다면적으로 발생할 수 있는 최악의 상황 가정해 보기
> 　② 해당 리스크가 생길 시 해결책 생각해 보기
> 　　• 내가 해결할 수 있는 영역과 아닌 영역 파악하기
> 　③ 막연한 불안감을 실체화하여 바라보고 인지하기

견디는 힘을 길러주는 직장생활 스트레스 해소법

일을 하면서 스트레스를 받지 않는 건 불가능해. 이때도 중요한 건 스트레스를 어떻게 다루는가에 대한 부분이야. 시행착오가 많았지만, 실질적으로 나의 생활에 도움을 준 스트레스 해소법에 관해 이야기해 볼게.

'적자생존' – 견디는 힘을 길러주는 글쓰기

업무를 개선하는 것뿐 아니라 스트레스를 해결하는 데도 최고의 방법은 글쓰기야. 할 일 목록을 적는 것에서 한 걸음 더 나아가 어떻게 하루를 보냈는지 세세하게 적어보는 거야. 가능하다면 한 시간 단위로 적으면 가장 좋고 어렵다면 생각날 때마다 혹은 다이어리에 할 일을 체크할 때마다 적으면 좋아. 다음 표와 같은 예시를 들어 설명해 볼게.

Time	To Do List	Record
9	A 기획안 목차 작성	일찍 출근해 8시 30분부터 업무 시작 오전에 가장 중요한 업무를 처리하니 마음이 편한 편
10	A 기획안 자료 조사	막연히 하니 생각보다 시간이 소요됨 어떤 자료를 어떻게 조사해야 할까 정리 필요
11	메일 확인 & 답신	
12	점심 식사	
1	회의 준비	사실상 10분 정도만 하고 이래저래 시간 흘려보냄 회의 1시간 전, 특히 집중도 하락
2 3	회의	회의록 작성에 급급해서 핵심 내용을 놓침
4	회의록 공유 & 거래처 전화 업무	거래처 전화 업무 통해 C 건에 대한 긍정적 회신 받아보려 했으나, 김팀장님께 드린 회의록에 대한 부정적 피드백 후 감정에 영향받아 적극적으로 통화하지 못함 => 감정 분리 필요
5	B 프로모션 업체 리스트업	
6	A 기획안 자료 조사	퇴근 직전 집중도 하락으로 목표한 바대로 진행하지 못함

표 9.1. 데일리 기록 예시

왼쪽부터 시각, 해야 할 일, 그리고 그 일의 수행 과정에 대해 빠짐없이 적는 거야. 목표한 바를 잘 수행했다면 그렇게 할 수 있었던 이유와 스스로에 대한 칭찬을 적고, 목표대로 진행하지 못했다면 역시 그 이유를 생각해서 적는 거지. 이러한 과정을 통해서 내가 언제 가장 집중을 잘하고, 어떤 업무를 할 때 의욕이 있으며 더 잘 수행해내는지 등 나에 대해 파악할 수 있어.

위 표를 예로 들자면 나는 오전 시간대에 업무 효율이 높고, 회의 시작 전과 퇴근 전 집중력이 떨어져 업무 효율도 좋지 않은 걸 알 수 있어. 만약 이러한 패턴이 지속된다면 중요한 업무는 오전으로 배치하고 상대적으로 집중력을 요하지 않는 일상적이고 가벼운 업무를 회의 전과 퇴근 전에 배치하는 거지. 이를 통해 같은 일을 하더라도 훨씬 더 성과를 내는 방향으로 만들어 갈 수 있을 거야.

또한, 어떤 상황에서 나의 감정이 상하고 그것이 업무에 얼마나 영향을 미치는지, 집중하지 않는 시간엔 SNS를 하는지 등 상세하게 적어서 눈으로 확인하면 개선하는 데 도움이 돼. 같은 부정적 상황이 온다면 스스로 잠시 휴식할 시간을 주고 산책을 한다든가 하면서 자신을 컨트롤 할 수 있는 방법을 찾을 수 있거든.

이렇듯 직장생활에 관해 글로 기록하면 할수록 더욱더 강하게 성장할 수 있는 계기가 돼. 대단한 수준의 글쓰기가 아니라 단지 내가 무엇을 했고 어떤 생각을 하는지에 대한 리포트를 적는 것만으로도 자신을 돌아보며 반성하고 그만큼 견디는 힘을 기르며 성장할 수 있으니까.

'사이드 프로젝트' – 본업까지 활력을 더해주는 부캐 키우기

최근 폭발적인 N잡 열풍과 함께 사이드 프로젝트를 진행하는 직장인들이 늘고 있어. 나 역시 플랫폼 브런치, 프립 등을 통해 글쓰기와 원데이 클래스 강의 등 다양한 활동을 하고 있어. 처음엔 직장에서 일하기도 벅찬데 별도의 시간을 내는 것이 시간과 집중력을 모두 빼앗기는 것 아닌가 하는 고민도 했었어. 하지만 일과 연관 지어 확장하면 본업에도 도움이 되고 생활의 활력을 얻을 수 있다는 점에서 추천해.

단, 직장생활을 시작한 지 6개월이 되지 않았다면 일단은 본업에 충실하는 시간이 먼저일 거야. 6개월이 지나 일에 어느 정도 적응되어 간다면 그때부터는 여가 시간에 다양한 '딴짓' 을 해보는 거야. 각자 또 다른 페르소나인 부캐를 만드는 거지.

그림 9.1. 부캐 김사원/김안녕 (출처: [좌] 퍼블리 큐레이션, [우] 브런치)

나의 경우엔 '김사원'과 '김안녕'이라는 부캐를 갖고 있어. '김사원'은 '직장 생활 노하우'를 알려주는 캐릭터야. 지금 쓰고 있는 이 책의 원안이 되기도 한 시리즈로 사회초년생들을 위한 소소하지만, 꼭 필요한 노하우를 전하고 있어. 또 하나 '김안녕'은 브런치와 프립에서 사용하는 닉네임으로 더 다채로운 글을 쓰고 이야기하고 있어. 크게 재테크 공부와 영화, 드라마 리뷰와 같이 내가 공부하는 내용과 좋아하는 이야기를 기록하고자 만든 부캐지. 일상을 기록하며 그 자체로 큰 기쁨이 되고 부가적으로 예상치 못한 제안을 받기도 하면서 부수입을 얻기도 해.

'김사원'은 기본적으로 회사생활에 대한 이야기이기 때문에 본업과 무관하지 않고 깨달은 바를 정리하면서 스스로도 더 성장하는 계기가 되고 있고, '김안녕'은 꾸미지 않은 솔직한 이야기들을 꾸준히 적으며 모든 것의 기본이 되는 글쓰기 능력이 향상되고 스트레스를 해소하는 매개체가 되기도 해. 본명으로서 본업에서 어떤 실수를 하거나 자괴감에 빠질 만한 순간이 오더라도 나에게는 '김사원'과 '김안녕'이라는 또 다른 부캐가 있기 때문에 **"나는 충분히 가치 있는 사람이다"**라는 자신감을 끊임없이 되새길 수 있는 것도 장점이야.

'독서' – 인간관계 때문에 힘이 들 때 생각 전환하기

회사에서의 인간관계는 모든 직장인이 한 번쯤은 고민하는 문제야. 나는 인간관계에 대해 힘들고 버겁다고 느낄 때 그 답을 독서를 통해 얻는 편이야. 사람으로 인한 문제는 상대방과의 상호작용을 통해 발생하는데, 상대방의 생각을 모두 다 알 수 없고 무엇보다 아무리 내가 잘해도 상대방이 그에 상응하는 100%의 피드백을 주지 않을 가능성이 높거든. 내가 컨트롤 할 수 없는 영역 밖의 일이라는 거지.

그래서 내 생각을 바꾸고 태도를 변화시키는 게 중요하다고 생각해. A라는 상사에게서 상식 이하의 피드백을 받았다면 왜 그런 이야기를 했을까 고민해보고, 그래도 납득할 수 없다면 상사와의 커뮤니케이션에 대한 책을 찾아 읽어 보는 거야. 책은 정제된 편이라 나의 상황에 완벽하게 맞는 답을 찾긴 어렵겠지만, 비슷한 사례를 통해 연관 지어 유추해 볼 수 있거든. 실제로 나는 『말습관을 바꾸니 인정받기 시작했다』(천그루숲, 2020)라는 책을 통해서 상사의 피드백 이전에 ·내가 먼저 잘못된 태도로 말한 사실을 깨달은 적 있어. 이후 이러한 태도를 고쳐 좀 더 나아지는 계기가 되기도 했지. 딱딱할 수도 있겠지만 책에는 지식뿐만 아니라 실생활에 적용할 만한 지혜도 많으니 적극적으로 활용해 보길 권해. 다음은 내가 꼽은 인간관계에 관한 추천 도서 리스트니 참고해줘.

> **TIP** 막내의 인간관계를 위한 추천 도서 리스트
>
> 『인간관계론』 (현대지성, 2019)
>
> 『권력의 원리』 (로크미디어, 2021)
>
> 『일 잘하는 사람의 커뮤니케이션』 (쌤앤파커스, 2008)
>
> 『일의 기본기(일 잘하는 사람이 지키는 99가지)』 (REFERENCE BY B, 2019)
>
> 『일을 잘한다는 것』 (리더스북, 2021)
>
> 『말습관을 바꾸니 인정받기 시작했다』 (천그루숲, 2022)
>
> 『만만하게 보이지 않는 대화법』 (홍익출판사, 2018)

10

돈을 모으는 것은
나중 일이라고 생각한다면

이번 챕터는 회사 '일'과는 조금 거리가 있지만, 한 명의 사회 구성원으로서 리얼한 생존과 직결된 것, 바로 '월급 관리'에 대한 내용을 준비했어. 월급을 관리하는 방법부터 사소하지만 쌓이면 큰돈이 되는 생활비 아끼는 법, 나아가 현실적인 재무 목표를 세우는 방법까지 전반적으로 다뤄 보려고 해. 이번 챕터는 사회초년생으로서 반드시 알아야 하는 돈에 대한 기본 개념과 일상생활에서 바로 실천할 수 있는 절약 방법을 소개하는 데 포커스를 맞췄어. 힘들게 일해서 번 소중한 월급을 막내 때부터 제대로 알고 모은다면 연차가 쌓일수록 함께 쌓여가는 통장 잔고의 즐거움을 느낄 수 있을 거야.

일을 시작하자마자 돈을 모아야 하는 이유

일을 하는 이유는 여러 가지가 있을 수 있어. 하지만 그 누구에게도 빠지지 않는 공통적인 단 하나의 이유를 꼽자면 근로소득의 창출, 즉 돈을 버는 일이지. 사회에서 독립적으로 살아가려면 돈이 반드시 필요해. 사회초년생 때 일을 시작하면서는 사실 너무 힘들어서 돈을 모아야겠다는 생각은 뒤로 미루는 편이었어. 대신 스트레스를 풀기 위해 옷을 사고, 여행을 가고, 맛있는 걸 먹는 데 많은 돈을 쓰곤 했지. 하지만 서른 살이 넘어가면서 엄청나게 후회하게 되는 타이밍이 오더라고. 그렇게 열심히 일했는데 남은 게 이것뿐이라는 생각 말이야. 특히 부모님으로부터의 독립으로 집을 알아보면서 세상의 높은 벽을 실감하게 되었어. 그때부터 눈에 불을 켜고 돈을 악착같이 모으고 또 벌리라 다짐하게 되었어. 1년 만에도 눈에 띄게 종잣돈을 모을 수 있다는 걸 실감하면서 1년이라도 일찍 시작했다면 더 나아졌을 미래가 정말 많이 아쉽더라고. 지금 사회생활을 시작하는 초년생이라면 이걸 꼭 잊지 않았으면 해.

진짜 내 월급 파악하기

처음 사회생활을 시작하면 업무에 적응하기만 하는데도 바쁜 점, 누구보다 이해해. 하지만 그만큼 '내 자산, 내 것'을 살뜰하게 챙기는 것도 잊지 말자. 연봉 계약서에 적힌 내용을 잘 모르겠으면 찾아보거나 물어보고 나의 실수령액을 정확하게 체크하자.

연봉 4,000만 원(세전) / 상여금 400만 원 포함(연간 2회 지급)

위와 같이 계약한 직장인이 있다고 가정해 보자. 한 달에 받는 실수령액이 얼마일까? 단순히 4,000만 원을 12개월로 나눈 약 330만 원일까? 아니야. 우선 상여금 400만 원이 연봉 4,000만 원에 포함된 것을 의미하므로 4,000만 원에서 400만 원을 뺀 3,600만 원을 기준으로 계산을 시작해야 하거든. 3,600만 원을 12개월로 나눈 300만 원이 되는 거지. 여기에서 '세전'(세금을 공제하기 전) 연봉임을 고려해 4대 보험, 근로소득세 등의 필수 세금 내역을 제하면 월 실수령액은 약 260만 원 내외가 돼. 즉, 연봉이 4,000만 원이지만 월 수령액은 260만 원인 셈이지. 이러한 세부적인 내용을 모두 알고 있어야 지출을 통제하고 명확한 재무 목표를 세울 수 있어.

> **TIP** 월급 실수령액 계산기

■ 네이버 임금 계산기

네이버에서 임금 계산기로 검색하면 아래와 같은 계산기가 나와. 연봉을 입력하면 4대 보험, 근로소득세, 실수령액이 얼마인지 대략 살펴볼 수 있어.

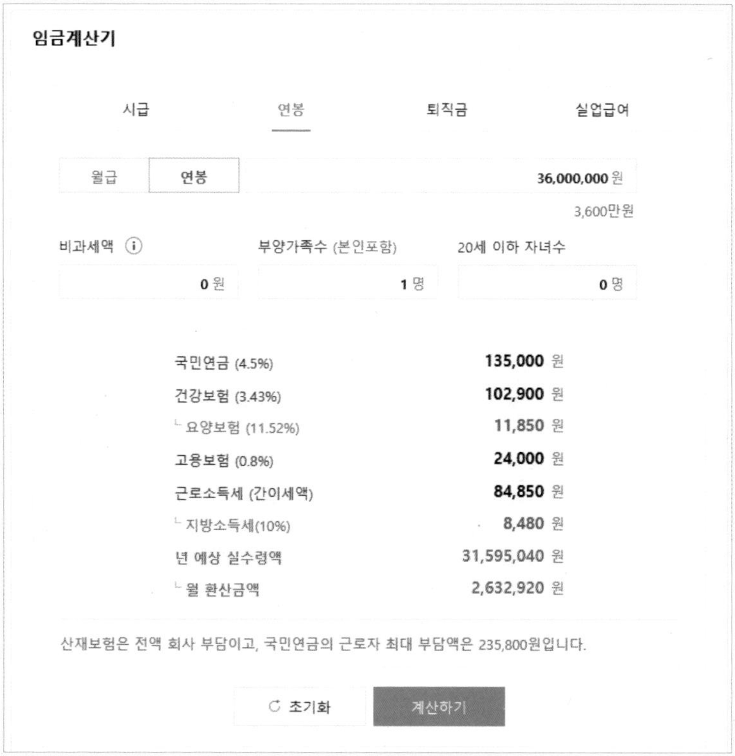

임금계산기

| 시급 | 연봉 | 퇴직금 | 실업급여 |

| 월급 | 연봉 | | 36,000,000 원 |

3,600만원

| 비과세액 ⓘ | 부양가족수 (본인포함) | 20세 이하 자녀수 |
| 0 원 | 1 명 | 0 명 |

국민연금 (4.5%)	135,000 원
건강보험 (3.43%)	102,900 원
└ 요양보험 (11.52%)	11,850 원
고용보험 (0.8%)	24,000 원
근로소득세 (간이세액)	84,850 원
└ 지방소득세 (10%)	8,480 원
년 예상 실수령액	31,595,040 원
└ 월 환산금액	2,632,920 원

산재보험은 전액 회사 부담이고, 국민연금의 근로자 최대 부담액은 235,800원입니다.

↺ 초기화   계산하기

그림 10.1 연봉 3,600만 원 실수령액 계산 예시

재테크에 관심 두기로 마음먹기

당장 실행하지 못하더라도 재테크에 관심을 가지는 것부터 시작하면 충분해. 종잣돈은 턱없이 부족하고 쥐꼬리만 한 월급을 한탄한다고 해서 달라지는 건 아무것도 없으니까. 하지만 내가 버는 돈을 알고 앞으로 어떻게 살아가겠다고 다짐하며 재테크에 일단 관심을 두기 시작하는 것만으로 삶은 달라질 수 있어. 회사에서 열심히 본 업무를 하는 것만큼 경제와 가계에도 신경을 쓰는 게 필요해. 이를 위해서 당장 시작할 수 있는 것이 바로 독서야. 경제와 금융에 대해 한 번도 관심을 가지지 않았던 막내라면 다음 추천 도서 기준으로 천천히 시작해보는 걸 추천해.

- 『EBS 다큐프라임 자본주의』 (가나출판사, 2013)

  우리가 살아가는 자본주의 사회에 대한 이해를 높여줘. 인플레이션의 개념부터 시작해 뼈 때리는 소비의 본능까지 어떻게 스스로를 컨트롤하고 어떤 점들을 잊지 않고 살아가야 하는지 설계하는 데 도움이 돼.

- 『부의 추월차선』 (토트, 2013)

  매월 일정한 근로소득에서 벗어나 돈이 일하게 만드는 자본소득을 창출할 방법, 부의 추월차선에 올라타는 방법을 설명한 책이야. 읽는 것만으로 마음이 벅찰 정도로 피가 되고 살이 되는 조언이 많아.

- 『부자의 언어』 (윌북, 2020)

  부자가 되려면 어떤 단계를 거쳐야 하는지 태도부터 실질적인 방법까지 세세하게 알려주는 책이야. 선생님이 아이를 가르치는 형식으로 이야기가 전개되기 때문에 어려운 내용 없이 쉽게 이해할 수 있는 게 장점이야.

월급 관리의 기본

월별 실수령액을 정확하게 파악하고 재테크에 관심 두기로 마음먹었다면 이제 본격적으로 월급 관리를 실행할 단계야. 이를 위해서 먼저 매달 반드시 필요한 소비 지출은 얼마인지를 파악하고 이를 제하고 월급의 얼마를 저축하거나 투자해 나갈 것인지 목표를 설정하는 것이 필요해.

통장 쪼개기

통장을 여러 개로 나눠 월급을 관리하는 건 가장 적극적이고 효과적으로 소비를 통제할 수 있는 방법이야. 여기서 통제란 돈을 덜 쓴다는 것이 아니라 내가 보통 얼마의 돈을 쓰고 있고, 또한 앞으로 얼마만큼을 쓸 예정인지를 명확하게 인지하는 것을 의미해. 소비를 통제할 수 있어야 비로소 돈을 모으는 의미가 있거든.

통장을 쪼갤 때는 고정적으로 나가는 비용과 예상되는 추가 비용, 나를 위해 쓰고 싶은 비용, 또는 각종 경조사를 위해 준비해두고 싶은 비용, 여행을 가기 위해 모으고 싶은 비용 등 각각의 목적에 맞게 나누는 게 좋아. 그래야 계획적인 소비를 할 수 있거든.

매달 월급을 받으면 쪼개 놓은 각 통장에 필요한 금액을 나누어 입금하고, 남은 금액 한도 내에서 한 달을 사는 거야. 이렇게 하면 생활비가 떨어져서 소비를 줄이거나 목돈이 필요할 때 할부로 결제하지 않아도 되고, 필요한 돈이 모아진 후 소비하는 형태로 습관을 변화시킬 수 있어. 이런 과정을 통해 소비를 나의 통제 하에 두게 되어 효과적으로 돈을 모을 수 있어.

통장 쪼개기는 다음과 같이 크게 세 가지로 분류할 수 있어.

그림 10.2 **통장 쪼개기 구분**

- **월급 통장(주거래)**: 월급 수령하는 통장 및 기타 고정비(통신비, 교통비, 보험료 등) 출금용 통장.

- **생활비 통장**: 실질적으로 생활하는 데 들어가는 비용만 따로 분리하는 용도.

- **투자 통장**: 채권, 주식 거래 가능한 증권사 계좌를 개설하여 꾸준히 정기적으로 투자하는 용도

만약 월급 260만 원이 입금되었다고 가정해 볼게. 월급이 입금된 날짜를 자동이체 일로 설정하여 월별 투자 금액을 먼저 빠져나가게 설정하는 거야. 그리고 남은 금액을 마지막으로 생활비 통장으로 이체해서 사용하는 거지. 이렇게 월별로 투자 또는 저축할 금액을 먼저 빠져나가게 하고 생활비를 사용함으로써 지출을 통제하고 효과적으로 종잣돈을 모아갈 수 있어.

다음은 각자의 소비 패턴에 따라 선택적으로 사용해볼 수 있는 통장이야.

- **비상금 통장**: 필요할 때 언제든 현금화 가능한 목돈을 넣어두는 용도. (대개 이상적인 비상금 금액은 월급의 약 3배 정도)
- **자기 계발용 통장**: 자신에게 투자하기 위해 꾸준히 모으면서 동시에 사용하는 용도 (부수입이 있다면 이 통장에 넣어두는 것을 추천해)
- **변동 지출비 통장**: 옷과 화장품 구매 또는 기타 경조사비 등 불규칙적으로 발생할 수 있는 비용을 모아 두는 용도

실현 가능한 저축 목표 세우기

이제 좀 더 큰 그림을 위해 나에게 맞는 현실적인 재무 목표를 세우려면 먼저 현재 내가 얼마나 소비하는지를 파악하고, 얼마를 모으고 싶은지 현실적으로 계획하는 게 필요해. 예를 들어, '한 달에 100만 원을 모으자'라고 계획은 먼저 세웠는데, 필수적인 지출을 고려할 때 100만 원을 도저히 모으지 못하는 상황이라면 이룰 수 없는 계획이기 때문이야.

대략 '이 정도면 가능하겠지'라고 추측해서 세우는 것도 정확하지 않거나 변수가 생길 수 있어서 다음처럼 고정 지출 비용을 고려해서 현실적인 목표를 세우고, 이를 지키기 위해 주기적으로 균형점을 찾아가는 것을 추천해.

STEP 1. 고정 지출 비용 확인하기

먼저, 생활비 외 고정적으로 지출되는 비용을 계산해보자. 보험료, 교통비, 통신비, 그리고 넷플릭스 등 기타 구독 서비스를 이용하고 있다면 이러한 것들도 함께 포함해서 말이야. 고정적으로 얼마를 지출하는지 확인하고, 생활비 외에 따로 고정비가 나간다는 걸 인지하고

해당 금액을 고려해 월급을 배분해야 해. 다음 그림은 내가 나의 한 달 고정 지출비를 계산해본 표야.

	보험	종합 1	MG 종합1	60,994	신한은행 (제크)	
	보험	종합 2	MG 종합2	78,060	신한은행 (제크)	
	보험	실비	DB 실손보험	10,320	신한은행 (제크)	
	기타	구독료	줌 (내마반 조모임용)	20,085	카카오 (제크)	
고정지출	통신비	휴대폰	휴대폰 요금	93,990	신한은행 (제크)	
	기타	구독료	물인 정기 결제	12,800	카카오 (제크)	
	기타	구독료	쿠팡 정기 결제	2,900	카카오 (제크)	
	기타	구독료	넷플릭스 정기 결제	9,500	신한은행 (제크)	
	기타	구독료	포토샵 정기 결제	24,000	신한은행 (제크)	

그림 10.3 고정지출비 내역 예시

참고로 위 양식은 유튜브 '재테크하는 아내' 채널을 운영하는 구채희 작가님의 가계부 강의를 듣고 내려받아 정리하고 있는 양식이야. 요즘은 좋은 애플리케이션도 많아서 굳이 하나하나 기입하지 않아도 가계부 내역을 한눈에 볼 수 있지만, 아무래도 직접 하나씩 기입하면 더 명확하게 인지할 수 있고 복기도 잘 되는 터라 나는 수기로 가계부를 작성하고 있거든. 혹시 나처럼 수기로 가계부를 작성하는 걸 선호하는 막내라면 구채희 작가님의 가계부 강의를 들어보는 걸 추천할게(https://blog.naver.com/hnzzang486).

STEP 2. 한 달에 모을 수 있는 현실적인 비용 책정하기

다음 과정을 통해 차근차근 내가 모을 수 있는 진짜 비용을 산출해내는 거야.

1. 월급, 부수입 고려 총수입 확인
2. STEP 1에서 확인한 고정비 차감하기
3. 통장 쪼개기로 나눠놓은 각 통장에 이체하기
4. 모을 수 있는 현실적인 비용 책정하기

예를 들면, 내 월급이 200만 원이고 고정비가 30만 원, 생활비 60만 원, 변동 지출비 10만 원, 자기 계발비 10만 원이라면 내가 모을 수 있는 현실적인 금액은 90만 원이 되는 거지. 만약 변동지출이 없었다면 자연스럽게 10만 원은 축적될 거고, 비상금으로 쌓아가거나 자기 계발비에 더하거나 혹은 부족한 생활비를 충당하는 등 이 안에서 유동적으로 조정해서 사용하면 돼. 이렇게 하면 부담되지 않는 선에서 저축이 가능하기 때문에 돈을 쌓아가는 성취의 재미를 느껴 더 아끼고 모으는 습관이 자연스럽게 생길 수 있어.

STEP 3. 주기적으로 목표 재설정하기

아무리 현실적인 사항을 고려하여 목표를 세웠더라도 예상치 못한 변수는 늘 생길 수 있어. 이럴 때 원하는 금액을 모으지 못하더라도 '아, 내가 그렇지 뭐'하고 그만두지 않는 게 중요해. 이를 위해 주기적으로 균형점을 다시 설정해야 해.

예를 들어, 한 달에 100만 원을 모으기로 했는데 예상치 못한 경조사 등으로 인해 70만 원만 모으게 됐다면 이에 맞춰 계획을 수정하는 거야.

- 1년 안에 목표 금액인 1,200만 원을 모으고 싶다면

  다른 영역에서 10만 원을 줄이고, 앞으로 3개월은 110만 원씩 모으기
- 앞으로도 비슷한 상황이 발생할 것으로 예상돼 목표치를 하향 조정하고 싶다면

  목표 금액을 1,000만 원으로 다운하여 수정하고, 이에 맞춰 앞으로 80~85만 원씩 모으는 것으로 조정

이런 식으로 변수가 생길 시에는 계획을 현실적으로 조정하면서 진짜 달성할 수 있도록 노력하는 게 필요해. 점점 목표가 낮아지더라도 자책하지 말고, 작은 성취라도 해내는 경험을 쌓는 게 중요하기 때문이야. 그래서 '3년 후 집을 산다'와 같은 불변의 재무 목표가 아니라 주기적으로 수정하는 과정을 통해 구체적인 금액을 책정하고 달성해 나가도록 하자.

'13월의 월급' 연말정산 챙겨 두기

직장인에게 매년 2월은 일명 '13월의 월급'을 받는 달로 여겨져. 연말정산은 어떤 의미일까? 사전적 뜻은 '급여소득에서 원천징수한 과부족을 연말에 정산하는 일'이야. 쉽게 말해 급여에 비해 세금을 많이 냈으면 돌려주고, 적게 냈으면 더 징수해가는 것이라고 볼 수 있지.

막내 시절, 특별히 누가 알려주는 사람이 없으니 연말정산을 어떻게 준비해야 하는지 어렵고 힘들었었어. 이를 위해서는 세금, 투자의 기본적인 개념도 알면 좋은데, 이런 걸 다 소화하기가 빠듯하더라고. 그래서 나는 아래와 같이 딱 두 가지(연금저축, IRP)에만 집중하여 매년 115만 원을 돌려받는 '시스템'을 만들었어. 이 글을 읽는 막내들 또한 연말정산이 복잡하고 힘들게 느껴진다면 나와 같은 시스템을 먼저 만드는 걸 추천해.

일단, 본격적인 내용을 설명하기 앞서 세금의 기본 구조를 설명해 볼게. 이는 아주 간략하게 요약한 것으로 직장인 막내들의 삶 속에서 영향을 주는 기준으로 정리한 것이니 참고하면 좋을 거야.

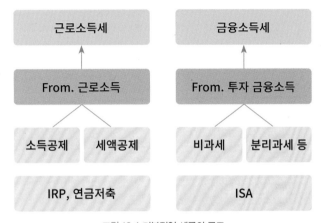

그림 10.4 기본적인 세금의 구조

먼저, 세금은 크게 두 종류라고 볼 수 있어. 하나는 회사에 소속되어 일하며 받는 '근로소득세', 다른 하나는 투자를 통해 일군 소득에 대한 세금인 '금융소득세'야. 일반적인 소득공제와 세액공제는 근로소득세와 연관되고, 비과세와 분리과세 등의 영역은 금융소득세와 연관된 개념이라고 보면 돼.

여기에서 소득공제는 소득액, 즉 번 돈에 대해서 공제를 해주는 것이고, 세액공제는 지불해야 하는 최종 세금에서 공제를 해주는 형태야. 혹자는 소득공제가 더 좋다, 아니다 의견이 분분하기도 한데, 이것은 개개인의 상황에 따라 모두 달라지기 때문에 절대적으로 더 많은 금액을 공제받을 수 있는 형태는 없어. 모두에게 통용되는 한 가지가 있다면 그것은 '적게 쓰되, 쓴 내역에 대해서는 악착같이 챙겨 받고, 여러 정책을 활용해 정당하게 최대치의 절세를 이루어 내도록 노력하는 것'이지.

그럼, 어떻게 연말정산에서 115만 원을 돌려받는 구조를 만들 수 있을까?

IRP(퇴직연금)과 연금저축(개인연금) 제도를 통해 가능해. IRP는 일반 은행에서 개설할 수 있는 개인형 퇴직연금으로서 연봉 5,500만 원 이하의 직장인에게 연간 최대 700만 원까지 16.5%의 비율로 세액 공제를 해주는 이점이 있어. 즉, IRP에 700만 원을 저축하면 정확히 115만 5천 원의 이자를 받는 셈인 거지. 투자로 치환해 생각해보면 16.5%의 수익률을 내는 것과 같아. 이에 따라 주식이나 다른 투자에 자신 없는 분들은 일단 연금으로 튼튼하게 수익망을 만들어두기도 하니까 참고하면 좋을 거야. 연금저축은 국민연금이나 퇴직연금과 달리 스스로 미래를 위해 드는 개인형 상품이라고 볼 수 있어. IRP와 같이 연간 최대 700만 원까지 16.5%의 비율로 세액 공제를 해주는 장점이 있지. (연봉 5,500만 원이 초과할 경우에 공제율은 13.2%라 참고로 함께 기억해두면 좋아.)

단, IRP와 연금저축 계좌를 동시에 갖고 있는 사람의 경우 중복 수혜를 막기 위해 IRP 연 300만 원, 개인저축 연 400만 원, 합하여 총 700만 원의 선 안에서 공제를 해주고 있어. 그러니 두 계좌를 모두 운영할 경우에는 잘 배분하여 관리하는 게 좋겠지. 물론, 막내가 1년에 700만 원을 저축하는 것 자체가 결코 쉬운 일이 아니야. 반드시 700만 원을 채우지 못하더라도 가능한 선 안에서 연금저축을 충분히 들어두는 걸 추천해(집필일 2022. 05 기준).

생활 속 절약 방법

사회초년생 막내라면 투자에 관심이 많더라도 아직 공부가 부족한 단계일 수 있어. 당장 주식으로 큰돈을 벌고 싶다는 생각이 들어도 일단은 종잣돈을 모으는 일부터 필요하지. 같은 맥락으로 앞서 이야기했던 것처럼 지출을 통제할 수 있어야 해. 이를 위해 절약은 필수야. 여기에서 절약은 구질구질하게 사는 게 절대 아니야. 절약은 기회비용을 고려한 가치 소비의 일종이라고 할 수 있으니까. 지금부터 실제 내가 해 보면서 유용했던 몇 가지 생활 속 절약 방법을 소개하려고 해.

광역 알뜰 교통카드로 교통비 절약하기

대중교통비를 절약하게 해주는 각종 카드나 제도 가운데 혜택을 받을 수 있는 것 중 하나가 바로 '알뜰 교통카드'야. 오가는 거리에 따라 마일리지를 차등 적립해주기 때문에 인천/경기 등 수도권 내에서 서울을 왕복하는 장거리 직장인의 경우 더 유용할 수 있어.

발급받은 카드의 종류에 따라 다르지만, 평균적으로 월 10% 정도 할인 혜택을 받을 수 있고, 특히 대중교통을 이용하기 전후의 걷는 시간까지(250원/최대 800m) 포함하여 적립되기 때문에 걸으면서 돈도 적립할 수 있는 것도 장점이야. 다음과 같은 방식으로 가입한 후 카드를 발급받아 이용하면 돼.

■ 광역 알뜰 교통카드 홈페이지 카드 신청(https://www.alcard.kr) 및 이용 방법

그림 10.5 광역알뜰교통카드 예시

① 플레이스토어, 앱스토어에서 광역알뜰교통카드 애플리케이션 내려받기

② 애플리케이션 실행 후 회원가입 진행하기

③ 집에서 출발 전, 애플리케이션 실행 후 [출발하기] 클릭 → 도착 후 [도착] 클릭

그림 10.6 광역알뜰교통카드 애플리케이션 사용 예시

광역 알뜰 교통카드의 경우 신한카드, 우리카드, 하나카드로 발급이 가능해. 또한, 신용/체크카드 구분하여
선택이 가능하나 체크카드의 경우 조건이 까다로워서 잘 점검해야 해.

그림 10.7 광역알뜰교통카드 월별 환급액

광역 알뜰 교통카드 앱 내에서 월별 적립 지급 내역을 확인할 수 있어. 사용 이력에 따라 약간의 변동성은 있지만, 평균적으로 5,000원 내외의 적립액을 환급받았어. 이건 결코 적은 금액이 아니라고 생각해. 평소에 대중교통을 많이 이용한다면 사용해 보길 추천해.

지역 화폐를 사용하여 할인 및 소득 공제받기

지역 화폐를 적극적으로 활용해 할인과 세액 공제의 혜택을 동시에 받을 수 있어. 먼저 서울의 경우 [제로 페이] 제도를 통해 자치구별 7~10% 할인을 지원하고 연말정산 시 소득공제 30%의 혜택까지 부여해주고 있어. 이 때문에 인기가 정말 많은 편이고 정기적으로 판매하는 데 금세 매진되기 때문에 빠르게 구매가 필요해.

■ 서울사랑상품권 구매 및 이용 방법

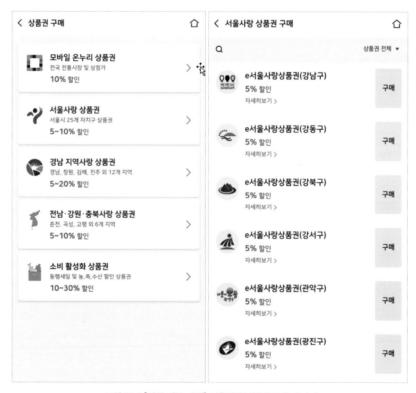

그림 10.8 [비플 제로 페이] 서울사랑상품권 구매 페이지

① [비플 제로 페이] 애플리케이션을 내려받아 가입하기

② [상품권 구매] 클릭 후 원하는 지역구의 상품권 구매하기

③ [제로 페이] 가맹점에 해당하는 가게에서 해당 상품권 사용하기

서울뿐만 아니라 경남, 전남, 강원, 충북 등 기타 지역과 전통시장에서 구매하면 혜택을 주는 모바일 온누리 상품권 등 [비플 제로 페이] 애플리케이션을 이용해 다양한 상품권을 구매할 수 있으니 필요한 것들은 챙기도록 하자. 경기지역화폐는 경기도 홈페이지(https://www.gmoney.or.kr)를 통해 구매 가능하니 참고해두면 좋아.

네이버 MY 플레이스를 통해 영수증으로 포인트 적립하기

결제 후에 항상 영수증은 필요 없다고 말해왔다면, 지금부터는 모든 영수증을 받는 게 좋아. 왜냐하면 네이버 MY 플레이스(https://m.place.naver.com/my)에 영수증을 찍고 리뷰를 남기면 건당 네이버 페이 포인트 50~250원을 적립해주기 때문이야.

그림 10.9 네이버 MY 플레이스 영수증 포인트 적립 예시

하루에 커피든 식사든 1건씩만 소비한다고 하더라도 한 달이면 대략 30개의 영수증이 생길 텐데, 한 건당 50원이라고 해도 최소 1,500원이 추가로 생기는 셈이거든. 오직 소비하는 것만으로 1,500원이 생긴다는 건 절대 적지 않은 돈이야.

단, 영수증은 하루 5장까지 등록할 수 있고, 처음 간 장소는 50원, 두 번째부터는 10원으로 적립되니 참고 부탁해.

중고 쿠폰 거래 마켓 통해 고정비 수혈하기

매일 커피를 마시는 돈이 부담되거나 휴대폰 요금 또는 멜론 같은 구독 서비스를 조금 더 할인된 가격에 이용하고 싶다면 중고 쿠폰 거래 애플리케이션을 이용하는 걸 추천해. 대표적으로 소개하는 애플리케이션은 '팔라고'와 신한은행 애플리케이션에서 이용할 수 있는 '기프티스타'야.

그림 10.10 신한은행 기프티스타 메인 페이지

이 두 곳은 모두 사용자 간 쓰지 않는 쿠폰을 저렴한 가격에 사고팔 수 있는 곳이야. 커피 기프티콘이나 모바일 데이터를 거래하기도 하고, 멜론이나 지니뮤직 같은 스트리밍 서비스의 쿠폰도 저렴하게 이용 가능하니 잘 활용하면 기본적인 고정비를 아끼는 데 도움이 돼.

11

회사 안에서
나로서 살아가고 싶다면

캐릭터 설정: 내가 원하는 나의 모습으로 커스터마이징 하기

행동 설정: 상황별 리스트에 맞춰 생활하기

내가 원하는 외적 환경 조성하기

혹시 일하면서 내가 아닌 것 같다는 생각이 든 적 있어? 혹자는 사회생활과 개인은 분리해야 한다고 말하지. 공과 사는 구분해서 일해야 하는 게 맞지만, 어디에서든 나로서 일하고 생활하는 게 중요하다고 생각해. 내가 아닌 모습을 억지로 꾸며내다 보면 결국엔 한계에 부딪히기 마련이니까. 그럴 땐 다음과 같이 현재의 자신을 돌아보고 원하는 나의 모습을 합치시켜 나가봐도 좋을 거야.

캐릭터 설정: 내가 원하는 나의 모습으로 커스터마이징 하기

나를 하나의 캐릭터로 두고 생각해 보자. 마치 RPG 게임처럼 말이야. 현재 나의 능력치는 어느 정도고 어떤 성격과 강점이 있는지, 그리고 달성하고자 하는 목표는 어느 것이고 그걸 위해서는 어느 길을 선택해서 가야 하고 어떤 능력을 키워야 하는지 생각해보는 거지. 이렇게 하면 자연스럽게 내가 원하는 나의 모습을 만들어 가는 데 도움이 될 거야.

나만의 강점 찾기

가장 먼저 나의 강점을 파악하는 게 필요해. 사람은 누구나 강점이 있어. 물론 약점도 있지. 처음부터 약점을 보완하는 것에 집중하면 너만의 뾰족한 강점이 무뎌질 수 있으니 강점에 집중하는 게 훨씬 좋아.

이러한 강점을 찾는 방법은 첫째, 지금까지 성과를 낸 일을 정리해 보는 거야. 아주 작은 것도 좋아. 대학에 합격한 것부터 회사에서 어떤 일을 하는데 남들과 다르게 해서 좋은 피드백을 받았던 일 등 사소한 것부터 하나하나 나열해 보자. 반복되는 특성이 있다면 그것이 너의 강점일 가능성이 높아. 또한 이러한 성과를 낼 수 있었던 이유와 핵심이 되는 키워드를 뽑아 디테일하게 강점을 파악해낼 수 있어. 도저히 떠오르지 않는다면 한 달 정도 꾸준히 회사와 일상의 내 모습을 다이어리에 적어 보는 걸 추천해. 분명히 반복되는 특성이나 남들과 다른 부분이 보일 거야.

둘째, 만약 스스로 생각하기가 힘에 부친다면 친구나 교수님, 상사나 동료에게 너의 강점에 관해 물어보고 피드백을 받아 보자. 객관적인 시선을 통해 새롭게 자신을 바라볼 기회가 될 수 있거든.

셋째, 나를 설레게 하고 가슴 뛰게 만드는 일이 무엇인지 적어보는 것이야. 강점은 강한 긍정의 감정을 만날 때 더욱 크게 발현돼. 따라서 어떤 일을 했을 때 내가 보람되고 뿌듯한 감정, 강해진 기분을 느끼는지 파악해 보는 거지. 그것이 바로 본인만의 강점과 연결되어 있을 가능성이 높으니까.

처음부터 혼자 생각하기 어렵다면 도서 『위대한 나의 발견 강점혁명』(청림출판, 2021)을 읽고 책에 나오는 과정에 따라 강점을 찾아봐도 좋고, 강점 찾기에 관련된 강의도 많으니 찾아서 들어봐도 도움이 될 거야. 나의 강점을 정리해본 예시를 참고로 소개할게.

【 강점 찾기 예시 】

성과를 낸 일

- 대기업 K 그룹과의 콜라보레이션 이벤트 성사 ▶ 커뮤니케이션/추진력
- A 기획안 아이디어 채택 ▶ 기획력/글쓰기
- 1년간 브런치 운영 ▶ 글쓰기/꾸준함

강한 긍정의 감정을 느낀 일

- 불안과 압박감의 부정적 감정 극복 노력 ▶ 실행력/자기성찰
- 원데이 클래스 진행 ▶ 커뮤니케이션/말하기/도전
- 오전 6시 기상 ▶ 실행력

달성하고 싶은 목표와 나만의 신념 정립하기

이루고 싶은 목표를 구체적으로 설정하는 것이 중요해. 목표에 제1의 가치를 두고 모든 일을 판단하면 선택하기가 수월해질 뿐만 아니라 물리적으로도 더 좋은 성과를 낼 수 있기 때문이야. 가령 온라인 마케터라면 3개월 내 회사 SNS 팔로워 수를 1,000명 늘리겠다는 목표를 세울 수 있겠지. 해당 목표를 달성하기 위해 업무를 세부적으로 분류하고, 연관되지 않은 다른 잡무는 우선순위에서 뒤로 배치해 시간을 효율적으로 운영할 거야. 아주 작은 것이라도 좋으니 최대한 구체적으로 자신만의 단기, 중기, 장기의 목표를 세우는 거야. 다만 업무의 목표를 세울 때에는 회사 관점에서의 목표와 같은 방향이어야 하기 때문에 이점을 고려해서 잘 세워보도록 하자.

목표와 더불어 반드시 지켜야만 하는 혹은 절대로 이것만은 안 되는 자신만의 신념을 세워 보는 것도 필요해. 이를테면 'A는 되고 B는 안 된다' 하는 자신만의 선을 만들어 보는 거지. 나의 경우 '한 만큼 돌아온다'라는 좌우명에 따라 힘들고 어려운 일일수록 피하지 말고 자원하자는 게 하나의 신념이야. 이렇게 정한 목표와 신념을 다이어리의 앞장에 적어두고 일을 시작하기 전에 읽으면 집중력이 올라가는 데 도움이 돼. 아주 작고 구체적인 항목으로 자신만의 목표와 신념을 세워 보도록 해.

【 목표와 신념 세우기 예시 】

2022.01 - 2022.06								
가계부 쓰기	생활비 절약하기	월부 꾸준한 활동 (강의 + 글) [부동산]	3개월 내 달성할 목표 설정	동료 파악	아이디어, 질문 일주일 2개 이상하기	오전 5시 기상	프립 피카타임	온라인 강의
경제 도서 읽기	돈 모으기	경제 공부 브런치 글쓰기 (아카이빙)	3개월 내 지표 만족하는 콘텐츠 기획	팀으로 성과내는 콘텐츠 매니저	나만의 장점 찾고 강화하기	위키북스 출판	부수입 창출	나는 매달 천 만원 이상을 번다
2022.6월 경제/부동산 도서 50권 읽기	나만의 투자 분야 설정하기	매주 일요일 경제 피드백 (지출/투자 복기)	출근 30분 전 업무 워밍업	팀에 도움되는 잡무 지원	함께 일하고 싶은 사람	패시브 입력 꾸준한 활동 - 중고거래 - 해피캠퍼스	무엇이든 먼저 제안하기	나만의 파이프라인 3개 구축하기
아침 시각화 (오늘 가장 이상적인 하루)	아침 확언 (목표 읽기)	긍정적 사고 (어떻게 할 수 있을까 초점)	돈 모으기	성과 1위 콘텐츠 매니저	부수입 창출	저작권협회 등록된 작가사 되기	브런치 1주 3포스팅	브런치 공모전 도전
모든 것을 목표 가치에 따라 행하기	멘탈	힘들 땐 솔직하게 말하고 해결하기	멘탈	월 1,000만원 소득 파이프라인	인플루언서	세븐틴 곡 작사하기	인플루언서	나만 쓸 수 있는 콘텐츠 영역 구축
목표를 향한 집념	단체, 분위기에 휩쓸리지 않기	나만의 신념 세우기	관계	운	건강	유튜브 출연	웹소설 완결하기	패션 스타일 (컬러, 형태 다 바꾸기)
투자 동료 찾기	너나위님 만나기	신영준 박사님 만나기	웃기	자리 청소	존경받는 사람이 되자	오전 홈트 운동	잠들기 전 스트레칭	간식 절제하기
뒷담화 하지 않기	관계	먼저 줄 것	동료에 대한 배려	운	책읽기	똑바로 허리 펴고 여유있게 걷기	건강	여러가지 운동 도전해보기
신뢰받는 사람	말하기보다 먼저 들을 것	아닌 건 아니라고 말하기	나는 운이 좋은 사람이다	동료에게 실질적 도움 주기	새로운 것 실행하기 (낡은 옷, 새로운 길 등)	일 때문에 무리하지 않기	나를 사랑하기	야채 챙겨 먹기

그림 11.1 만다라트 형태로 작성한 목표와 신념 리스트

앞 그림은 내가 정리해본 목표와 신념 예시야. 나는 만다라트[1]로 8개의 영역 총 64가지의 행동 리스트를 만들어 두었어.

롤 모델 찾아 따라 하기

내가 원하는 나의 모습을 올바르게 만드는 데 가장 좋은 방법의 하나가 바로 롤 모델이 간 길을 따라가는 것이야. 성공한 사람이 어떤 방법으로 어떻게 그것을 이루었는지를 살펴보며 나에게 부족한 점과의 비교를 통해 스스로를 발전시킬 수 있으니까. 가장 저렴하지만 확실하게 롤 모델을 답습할 수 있는 방법은 독서야. 일하고 있거나 원하는 분야에서 성공한 사람이 있다면 그 사람의 책을 모두 사서 읽어보는 거야. 그리고 자신의 롤 모델처럼 행동하려고 의식적으로 노력하는 거지. 만약 A라는 상황이 고민된다면, 롤 모델이었다면 어떤 선택을 했을까 상기하면서 자신의 행동을 바꿔보는 거야. 그럼 올바르고 정확하게 롤 모델의 삶을 따라갈 수 있거든.

나의 경우 [체인지그라운드] 유튜브 채널을 운영하시는 **신영준 박사님**의 영상을 열심히 보고 박사님이라면 나와 같은 상황에 어떤 선택을 하고, 어떻게 시간을 보낼까 하는 생각을 하면서 살고 있어. 이외 부동산 투자자로 성공한 **너나위**님의 강의를 들으며 자본주의 사회에서 현명하게 살아가려면 돈을 어떻게 바라보고 모아야 하는지 많은 영감과 조언을 얻고 있지. 내 생애 두 분과 이야기를 나누는 게 또 하나의 꿈이야. 가신 길의 발자취를 따라 함께 성공하는 사람이 되고 싶어. 이러한 열망은 실제로 하루를 헛되지 않게 보내게 하는 데도 많은 도움을 줘.

꼭 대단한 사람이 아니더라도 회사에서 존경할 만한 분이 있다면 그분의 사소한 습관을 배우는 것도 좋고. 막내로서 점점 더 많은 사람을 만나며 살아가게 될 텐데, 나만의 롤 모델을 찾아 후회하지 않는 멋진 길을 걸어가길 바랄게. 언젠가 우리도 만날 수 있다면 좋겠어.

---

1 만다라트: 활짝 핀 연꽃 모양으로 아이디어를 다양하게 발상해 나가는 사고 기법. 3X3칸으로 된 사각형을 가로 3개, 세로 3개로 배치하여 총 9개를 제시하고, 중앙에 있는 사각형의 가운데에 해결하고자 하는 핵심 아이디어를 적는다. 가지를 뻗어 나가며 핵심 아이디어를 달성할 수 있는 아이디어를 작성하며 칸을 완성. 총 64개의 아이디어 조합을 통해 최선의 목표를 정하는 방법이다.

행동 설정: 상황별 리스트에 맞춰 생활하기

목표와 신념을 수립하고 롤 모델도 찾았는데 행동이 쉽지 않다면 구체적인 리스트를 만들어 실행해 보는 걸 추천해. 내가 지키고자 하는 리스트와 평소 잘하지 못해 아쉬웠거나 어려워하는 것 위주로 리스트를 짜보는 거야. 다음에 내가 설정하고 지켜가고 있는 상황별 행동 리스트를 예시로 설명해 볼게.

나는 운이 좋은 사람이다

막내 시절 유독 안 좋은 일이 나에게만 생기는 것 같아 항상 운이 나쁘다고 생각했었어. 운이 나쁘다고 생각하고 말하게 되니 점점 더 운이 나쁠 일만 생기더라고. 운칠기삼(運七技三)이라는 말처럼 어떤 성과에는 운이 작용하게 되는데, 스스로를 계속 불행하다고 생각해서는 안 되겠다는 생각이 들었어. 그래서 운에 대한 책을 읽고 원리를 이해하려 노력하는 것과 더불어 '나는 운이 좋은 사람이다'라는 하나의 신념을 세웠어. 그리고 이를 위해 일상의 작은 부분에서 항상 운을 모으고 끌어당기는 사람이 되자는 결심을 하게 됐지. 다음은 운을 모으기 위한 나의 행동 리스트야. 주변의 환경도 좋게 만들면서 스스로에게도 긍정적인 영감을 주는 행동들로 매일매일 운을 쌓아가게 되었어.

【 운 모으기 리스트 예시 】

- 회사 바닥에 떨어진 쓰레기 줍기
- 비품 떨어지면 채우기
- 탕비실 더러운 부분 있으면 닦기
- 일주일에 하나씩 회사에서 새로운 것 발견하기
  (탕비실에 새로 들어온 과자, 옆자리 사수의 책상에 변화된 물건 등
  사소한 것도 관찰하고 '새로운' 감정 느끼기)

함께 일하고 싶은 동료가 된다

성과를 내되 함께 일하고픈 동료가 되는 것을 목표로 삼았어. 회의 준비처럼 누군가는 해야 하는데 귀찮은 일을 그냥 해버리는 거야. 특히 막내 때는 막내니까 귀찮아도 해야 하는 거

라고 생각하기보다 크게 보면 결국 나를 위해서 하는 거라고 생각하면 좋아. 아주 작은 일에서 차이를 내는 건 생각보다 쉽기도 하고. 어떤 면에서 너를 다르게 보이게 할 수도 있거든. 생각하고 고민할 시간에 그냥 행동해 보는 거야.

【 함께 일하고 싶은 동료되기 리스트 예시 】

- 어렵고 힘든 일일수록 가장 먼저 하기
- 동료가 과중한 업무로 힘들어 할 때 일을 나눠 할 것을 제안하기
- 회의실 예약하기 & 회의 준비하기
- 뒷담화 하지 않기 (분위기에 휩쓸리지 않기)

성과를 내는 팀원이 된다

성과를 내는 팀원이 되려면 끊임없는 배움이 필요하다고 생각해. 회사에서 주어진 일을 소화하는 것에서 나아가 지시받지 않은 것에도 관심을 두고 한번 해보는 거야. 당장 수행할 일이 아니고 누군가에게 보여줘야 할 자료가 아니더라도 스스로 찾아보고 정리해 보는 거지. 이러한 과정에서 필요한 스킬이나 내용이 있다면 강의를 수강하거나 책을 읽으며 배우는 거야. 예를 들어, 당장 기획안을 작성할 일이 없지만 언젠가 해야 할 일이라고 판단되면 PPT 작성법부터 익히는 거지. 대학생 때부터 PPT는 많이 해왔던 터라 익숙할 수도 있겠지만, 하나를 하더라도 잘하고 싶은 마음이 있다면 탈잉, 프립 등의 플랫폼에서 진행하는 원데이 클래스도 많으니 이를 통해서 배워 적용해 봐도 좋겠어. 특히 막내일 때 여러 가지를 배워 본인의 스펙트럼을 확장한다면 자신의 가치를 올리는 데도 효과적일 거야.

> **TIP** 자기계발 플랫폼 추천 리스트
>
> - 탈잉 (https://taling.me)
> - 프립 (https://www.frip.co.kr)
> - 클래스101 (https://class101.net)
> - 크몽 (https://kmong.com)
> - 헤이조이스 (https://heyjoyce.com)
> - 폴인 (https://www.folin.co)
> - 퍼블리 (https://publy.co)

내가 원하는 외적 환경 조성하기

하루의 가장 많은 시간을 보내는 회사가 지옥만큼 싫다면 그건 정말 무의미하고 불행한 일일 거야. 또한, 이런 감정을 느끼는 사람 대부분이 회사는 바꿀 수 없다고 생각하는 경우가 많지. 물론 조직을 내가 원하는 만큼 컨트롤할 수는 없지만, 생각과 행동을 조금만 바꾸면 아주 작은 부분이라도 나의 개성을 담아 충분히 변화시킬 수 있어.

나에게 최적화된 자리 꾸미기

회사에서 아무것도 바꿀 수 없다고 생각해? NO! 적어도 내 자리 하나쯤은 바꿀 수 있어. 나는 회사에서 내 자리를 정리하는 데 언제나 진심이거든. 마우스패드는 좋아하는 게임의 굿즈로 준비하고, 모니터에는 영감을 주는 글귀를 바꿔가며 붙여 두는 편이야. 기타 나에게 긍정적인 영향을 주는 소품들과 색깔별로 정리한 펜도 차례로 정리해 두면 마음이 편해. 내가 사랑하고 나의 아이덴티티를 드러내는 것들로 자리를 꾸미면 그 자체로 나로서 일하는 느낌을 주거든. 최대한 집중할 수 있는, 나에게 최적화된 환경을 어떻게 해서든 만들어 보려고 늘 노력하고 있어. 어차피 떠날 회사라 혹은 회사에 마음이 없어 하기 싫다면 영원히 그렇게 살게 돼. 언제든 무엇이든 바꿀 수 있다는 긍정 의지를 갖고 내 책상만이라도 쾌적하게 만들어 보는 걸 추천할게.

맞춤형 업무 바인더

자신만의 맞춤형 업무 바인더를 만들면 업무 효율성을 상승시킬 수 있어. 일을 잘하고 싶다면 일단은 적는 게 정말 중요해. 챕터 9에서 말한 해야 할 일은 무엇이고 지난 시간을 내가 어떻게 보냈는지에 대한 것처럼 말이야. 여기서 더 나아가 실수를 기록한 실수 바인더 혹은 프로젝트별 진행 과정을 순서대로 정리한 바인더 등 자신에게 중요한 업무에 알맞은 바인더를 만들어 보는 거야. 막내 시절 나는 정말 많은 실수를 했어. 자존감이 많이 낮아져 이걸 반드시 개선해야 한다고 생각했는데, 그때 실수를 모은 다이어리를 썼고 그걸 모아 바인더로 만들었지. 바인더는 파일과 같은 형태인데 페이지에 각각 구멍을 뚫어 바인딩한 것을 말해. 중간에 언제든 새로운 페이지를 끼워 넣을 수 있어 간편하게 수정이 가능하다는 게 가장 큰 강점이야. 일반 클리어 파일보다 편하고 유용해서 사용하고 있어. 이렇게 바인더를 정리하다 보면 기록하는 의미와 더불어 무언가 했다는 작은 성취감도 느낄 수 있고, 비슷한 업무를 하게 될 때 열어보면 좋은 참고서로 활용할 수도 있지. 컴퓨터 안의 파일로 저장하는 것과 출력해서 바인딩해 갖고 있는 것은 꽤 큰 차이가 있어. 물리적으로 시각화해서 보면 훨씬 더 크게 체감할 수 있고 기억에 잘 남거든. 따라서 이런 식으로 자신만의 것을 만들어나가면 그 자체로 새로운 환경이 될 수 있어.

193페이지의 만다라트 예시를 통해 너만의 목표를 세워보면 어떨까? 정가운데에는 이루고자 하는 핵심 목표를 적고, 이를 달성하는 데 필요한 8가지 세부 목표를 적는 거야. 그리고 다시 8가지 각 항목을 이루기 위한 더 구체적인 실행 계획을 적는 거지.

이렇게 하면 총 64가지의 '생각과 행동' 리스트를 만들 수 있어. 이를 나만의 기준으로 삼아 실행한다면 목표에 가까워질 수 있을 거야.

Part 04

알아두면 쓸모 있는
회사 막내 TIP의 모든 것

12

회사어의 모든 것

반드시 알아야 할 '회삿돈'에 관한 것

피해야 하지만 알고는 있어야 할 '잘못'에 관한 것

알아두면 쓸모 있는 회사어

회사에 들어와 가장 힘들었던 업무 중 하나가 바로 정산이었어. 세금계산서와 원천징수의 차이에 대한 개념도 정확하게 이해하기 어려운데 결재를 받아야 했고, 어떤 걸 증빙해야 하고 어떤 서류를 준비해야 하는지 깨닫기까지도 적지 않은 시간이 걸렸지.

이처럼 회사 생활을 하다 보면 아무도 알려주지 않은 일을 혼자서 해내야 하는 때가 정말 많지? 작게는 메일에 사용하는 용어들과 크게는 회계 정산의 과정, 그리고 경위서 등의 특별 문서 작성까지. 몇 번 해보면 금방 익숙해지지만 처음 맞닥뜨릴 땐 쉽지가 않아. 이번 챕터는 물어보기 애매해서 끙끙대며 찾아봤을 '사소하지만 중요한' 것들을 모아 정리해 봤어. 막내로서 하루하루를 열심히 견뎌내고 있는 여러분들에게 작은 도움이 되길 바랄게.

반드시 알아야 할 '회삿돈'에 관한 것

월급이 하루라도 늦게 들어오는 건 상상도 할 수 없어. 그랬다간 회사를 신뢰할 수 없을 테니까. 마찬가지로 회사 역시 외부로부터 들어와야 할 돈이 하루라도 늦춰지거나 금액에 오차가 생기면 안 돼. 그래서 필요한 물품을 구매하고 기록하는 과정에서도 실수하지 않는 게 중요하지. 돈은 모두에게 예민한 문제니까. 그러니 대충 넘어가기보다 처음부터 개념과 용어에 대해 정확하게 이해하는 게 필요해.

세금계산서 vs. 원천징수

세금계산서와 원천징수의 공통점은 회사가 다른 기업(개인)에게 비용을 지불하거나 지급받을 때 이를 정산하기 위해 필요한 과정이라는 점이야. 회사에서 오고 가는 돈의 흐름은 반드시 세금 신고를 해야 하는데, 이때 일련의 과정을 거치지 않으면 법적으로 문제가 될 수 있거든. 또한 회사 입장에서 지출한 금액을 증빙하면 세액공제를 받을 수도 있지. 정확하고 투명한 회계를 위해 꼭 필요한 절차라고 생각하면 돼.

구분	세금계산서	원천징수
의미	사업자가 물건을 사고팔 때 부가가치세법에 따라 발행하는 영수증	사업자(지급하는 자)가 상대방(지급받는 자)이 부담할 세액을 정부 대신 징수하는 방식 = 지급 단계에서 미리 세금을 떼고 지급하는 것
대상	법인사업자, 직전 연도 공급가액 합계 3억 원 이상의 개인사업자 등	개인 (비사업자, 프리랜서) 등
방법	**총금액에서 10%의 세액을 더해 지급**	**총금액에서 3.3% 세액 빼고 지급**
예시	공급가 10만 원일 때 · 우리 회사가 지급해야 할 실제 금액 : 11만 원 (10만 원 + 1만 원)	공급가 10만 원일 때 · 우리 회사가 지급해야 할 실제 금액 : 9만6700원 (10만 원 − 3천3백 원)
결재서류	해당 기업의 사업자등록증, 통장 사본	해당 개인의 신분증 사본, 통장 사본

표 12.1 세금계산서와 원천징수의 차이점

위 표와 같이 각각의 차이를 구분해 봤어. 파란색으로 표시된 부분이 실제 금액을 결제할 때 유의할 부분이니 참고하면 좋을 것 같아. 다음 사례를 통해 조금 더 자세하게 살펴보도록 하자.

【 세금계산서 사례 】 – 우리 회사가 A 기업과 외주 계약

1) A 기업에게 우리 회사의 사업자등록증과 세금계산서 발행일자, 항목명, 담당자 메일 주소를 함께 전달하며 세금계산서 발행 요청

- **발행일자**: 세금계산서를 발행하는 일자 (발행 일자 관련하여 재무적인 이슈가 있는지 사내 재무팀 등에 확인 필요)
- **항목명**: A 프로젝트 건
- **담당자 메일 주소**: 해당 세금계산서 발행서를 보낼 담당자 메일 주소 (재무팀 담당자 또는 본인 등)

2) A 기업이 사전 협의한 견적서 및 발행일자 등의 세부사항을 반영하여 우리 회사로 세금계산서 발행

3) 정산 담당자가 발행된 세금계산서에 문제가 없는지 확인 후 입금

사내 생존 노하우 / 04_ 알아두면 쓸모 있는 회사 막내 꿀팁 모든 것

【 원천징수 사례 】 – 우리 회사가 번역가 A와 계약

1) 번역가 A에게 신분증 사본, 통장 사본 요청

2) 번역가 A로부터 받은 서류를 정산 담당자에게 함께 전달한 후 정산 담당자가 입금

　※ 원천징수 세율의 경우, 대상 소득의 종류(근로, 사업, 기타, 이자 및 배당 소득 등)에 따라 세율이 달라져.
　그러니 헷갈린다면 회계팀 담당자에게 물어보고 진행하는 게 좋아. 일반적으로 타 기업과 거래하는 사업
　소득의 경우 3.3%를 적용하고 있어.

품의서 vs. 지출결의서

품의서와 지출결의서는 모두 지출과 관련된 문서라고 보면 돼. 한마디로 품의서는 비용을 사용하기 전 미리 허가를 구하는 문서고, 지출결의서는 반대로 비용 집행 후 보고하는 형태의 문서야.

구분	품의서	지출결의서
의미	【 예시 】 목적: 비품 구매 금액: 10만 원 날짜: 이번 달 말 위와 같이 사용하고자 하오니 승인 부탁드립니다 지출 전 결재권자에게 지출 사안에 대해 승인해 달라고 요청하는 문서	【 예시 】 목적: 비품 구매 금액: 10만 원 날짜: 지난달 말 위와 같이 사용했으니 승인 부탁드립니다 지출 후 품의에 근거하여 지출된 금액에 대해 증빙하는 것
주요 항목	금액, 날짜, 세부명세, 증빙, 청구인, 부서명, 사용 목적, 지불처, 계정과목, 품번, 합계	금액, 날짜, 세부명세, 증빙, 청구인, 부서명

표 12.2 품의서와 지출결의서의 차이점

지출 전 결재권자에게 지출 사안에 대한 승인을 요청하는 품의서의 항목은 지불금액, 날짜, 세부내역, 사용 목적, 지불처, 계정과목[1], 품번, 비고 등으로 구성돼. 계정과목은 각 내역을 아우르는 상위 카테고리를 지칭하는데, 회사에 따라 계정과목 카테고리는 다를 수 있으므로 헷갈린다면 회계팀 담당자에게 정확하게 물어보고 작성하는 걸 추천해.

지출 후 지출된 금액에 대해 증빙하는 문서인 **지출결의서**는 금액, 세부내역, 증빙, 청구인, 부서명, 날짜로 구성돼. 아주 급한 특별한 건을 제외하고는 품의서를 먼저 제출하고 집행 후 지출결의서를 추가로 제출하는 형태로 진행된다고 보면 돼.

경상비

경상비는 회사에서 연속적, 반복적으로 지출되는 경비야. 회사 운영을 위해 지속해서 필요한 매출원가 · 판매비 · 일반관리비 · 영업외비용 등을 총칭하는데, 우리 입장에서 경상비는 교통비 · 소모품비처럼 일상에서 실제 업무를 위해 사용하는 비용을 말해. 회사 규정별로 처리되는 부분이 다를 수 있다는 점 잊지 말고.

피해야 하지만 알고는 있어야 할 '잘못'에 관한 것

사유서, 경위서, 시말서는 직장생활을 하며 굳이 만날 필요가 없는 문서야. 기본적으로 큰 실수나 잘못을 했을 때 앞으로는 그러지 않겠다는 일종의 다짐을 받아두는 의미가 한껏 들어간 서류니까. 하지만 피치 못할 상황이 발생할 수도 있으니 일단 알아두는 건 도움이 될 거야.

구분	심각도	작성 목적
사유서	★☆☆	소명 (명확한 인과관계 파악)
경위서	★★☆	해결
시말서	★★★	반성 및 재발 방지 차원에서의 강한 조치

표 12.3 사유서, 경위서, 시말서의 차이점

---

1 계정과목 예시: 복리후생비(식대, 간식비 등 직원의 복리후생 목적으로 사용한 비용), 여비교통비(업무 관련 교통비), 통신비(핸드폰, 인터넷 요금 등), 운반비(택배, 퀵 서비스 이용비), 도서 인쇄비(신문 · 잡지 구독, 복사비 등), 차량 유지비, 교육훈련비, 소모품비 등

사유서

본인의 잘못 여부를 떠나 어떤 사건이나 사고가 발생했을 때 이에 대한 내용을 처음부터 끝까지 상세하게 기록하여 보고하는 문서야. 부득이한 사건 발생 시, 개인의 불이익을 최소화하기 위해 사유를 상세하게 설명해야 할 때 작성하게 돼. 종류는 지각 · 결석 사유서, 분실사유서, 장비 사고 사유서 등이 있어.

사유서의 핵심은 '소명'이야. 경위서, 시말서와는 다르게 너에게 잘못이 없거나 매우 작을 때 그럴 수밖에 없었던 일을 적극적으로 해명하기 위해 작성하는 서류라고 볼 수 있지. 어떤 사건이 있었는지 정확하게 작성하면서 그 책임이 나에게 있지 않음을 명확하게 하는 게 중요해.

【 사유서 예시 】

> 본인은 2021년 O월 O일 오전 10시 20분경 지각했습니다. (사건 발생의 팩트 설명)
>
> 이유는 출근길 도로에서 뒤차의 안전거리 미확보로 인한 후미추돌 사고로 교통사고가 발생했기 때문입니다. (해당 사건이 발생한 이유와 과정을 육하원칙에 맞춰 최대한 상세하게 설명)
>
> 상기 사고로 인하여 부득이 지각하였던 점에 대한 양해를 구하며 사유서를 제출합니다. (결론 제언)
>
> +교통사고 확인증 첨부

경위서

어떤 일이나 사건 · 사고가 발생했을 때 그 시작에서부터 끝까지 일이 벌어진 경위를 작성하는 문서야. 경고는 해야 하지만 시말서 수준까지는 아닌 업무상 과실에 대해 작성하게 돼. 종류는 사고 경위서, 사건 경위서, 재해 경위서, 근태 경위서 등이 있어.

경위서의 핵심은 '해결'에 있어. 과실로 인한 일이 현재 어떻게 진행되고 있고, 또한 앞으로 이를 방지하기 위해 어떻게 할 것인지 분명하게 쓰는 게 중요해. 여기에서 핵심은 변명처럼 보이지 않도록 주의하는 일이야. 억울한 게 있더라도 왜 그럴 수밖에 없었는지 급급해서 쓰면 '기껏 쓴다는 경위서가 변명서야?'라는 되려 안 좋은 인상을 심어줄 수도 있거든.

그러니 명확하게 잘못을 인지하고 있음을 드러내고 왜 그 잘못에 이르렀는지 상세하게 쓰되 변명하지 않도록 하자. 물론 누가 봐도 정의롭지 않은 상황이거나 부당하다고 생각될 땐 거부하는 게 맞지만, 그게 아니라면 말이야.

【 경위서 예시 】

본인은 2021년 O월 O일 선지급된 업체의 청구 정산을 진행하는 월말 정산의 과정에서 같은 금액이 두 번 출금되는 실수를 하였습니다. (사건의 팩트 및 본인의 잘못에 대한 정확한 명명)

최초 업체로부터 중복된 세금계산서를 지급받고, 정확한 경위와 내용을 확인했어야 했는데 아무런 의심 없이 이를 두 건으로 인지하였습니다. (잘못을 한 이유를 시간 순서대로 상세하게 설명)

이를 해결하기 위해 해당 업체 담당자와 이야기 나누어 상호 회계 절차에 따라 1회 차에 해당하는 금액은 다시 돌려받도록 정리하였으며, O월 O일까지 입금될 예정입니다. (현재 상황)

위의 실수는 이윤을 추구하는 회사에 직접적인 영향을 끼칠 수 있는 중대한 과오임을 인지하고, 앞으로 같은 일이 발생하지 않도록 반성하고 노력하겠습니다. (미래 개선방안)

시말서

사고를 일으킨 자가 그 보고와 재발 방지를 위하여 그간의 사정을 적어 제출하는 문서야. 경위서보다 강한 수준의 경고, 치명적인 업무상 과실에 대해 작성하는 문서야. 대개 시말서를 3번 정도 쓰면 퇴사에 준하는 징계를 받을 수 있어. 시말서의 종류는 사내 시말서, 사외 시말서 등이 있어.

시말서의 핵심은 '반성'이야. 기본적으로 본인의 실수와 잘못을 정확하게 언급하면서 그 이유에 대해서 적되 경위서처럼 길게 설명할 필요는 없어. 뭘 잘못했는지 알고 있다는 걸 정확히 기재하고, 이후엔 '두 번 다시 같은 잘못을 반복하지 않겠다'는 반성의 태도를 보여주는 게 중요해. 시말서는 이런 다짐을 받는 서약서와도 같은 개념이거든. 부디 쓸 일이 많지 않길 바라지만 혹시나 써야 할 때가 됐을 때 잘못 작성한 시말서 때문에 일을 더 크게 만들지 않길 바랄게.

【 시말서 예시 】

> 본인은 A 회사와의 외주 계약을 위한 거래를 진행하던 중 커뮤니케이션 과실로 인하여 경제적 손실을 야기시켰습니다. (본인의 잘못에 대한 정확한 인지와 명명)
>
> 이는 구두로 이야기 나눈 사항과 서류상의 계약서를 작성할 때 거래 품목에 대한 수량 오차에서 발생한 문제였습니다. (잘못을 한 이유를 명료하게 설명)
>
> 회사의 명예를 훼손시키는 것임은 물론 직접적인 피해를 입히는 행동이었음을 인정합니다. 하여 상기와 같은 본인의 과실을 인지하고 앞으로 두 번 다시 같은 문제를 일으키지 않도록 유의하여 보다 더 업무에 충실할 것을 서약합니다. (반성과 앞으로의 다짐)

알아두면 쓸모 있는 회사어

막내로서 회의에 들어가거나 메일을 받고 보낼 때 모르는 용어가 많을 수 있어. 시간이 지나면 자연스럽게 알게 되지만, 처음에 당황하지 않고 빠르게 이해하고 싶다면 다음의 사례별 용어들을 미리 체크해두면 좋을 거야.

예시 상황 1 킥오프 4주 전

이부장: 이번 신규 사업 프로젝트 킥오프*가 다음 달로 정해졌어. 이번 프로젝트 기획안은 최대리가 러프하게* 구성해주면 김사원이 팔로우업*하는 걸로 할게. 그 외에 필요하다고 생각되는 부분 있으면 최대리가 다른 사원들한테 롤* 주고 진행하면 될 것 같고.

최대리: 네. 부장님, 저희 홍보팀 말고 마케팅팀 자료도 필요할 것 같은데요.

이부장: 그 부분도 최대리가 어레인지*하면 될 것 같고. 아, 우리 새로 들어온 장 인턴도 이번에 인볼브*하는 걸로 하자.

- **킥오프(kick-off):** 프로젝트의 공식적인 시작을 위해 유관 부서 및 관계자들이 모두 모여 기획 실행안을 발표하며 의견을 나누는 미팅
- **러프(rough)하게:** 대략적으로
- **팔로우업(F/U):** 후속조치, 후속작업. 상사가 큰 흐름이나 구성을 짜면, 후배 직원이 그에 맞춰 수행하는 세부적인 조사 및 실행

- **롤(role)**: 프로젝트에 따라 실행할 업무 분장을 나눈 것

- **어레인지(arrange)**: 스케줄 및 업무에 대한 디테일한 조정

- **인볼브(involve)**: 프로젝트 업무에 참여하는 것

예시 상황 2 킥오프 2주 전

최대리: 지난번에 피드백* 주신 부분 반영해서 다양하게 베리*하면서 디벨롭*해보았습니다.

이부장: A안은 좋은 것 같고, C안은 요즘 사회적인 이슈도 있으니까 우선 홀딩*하자. 아이디어 자체가 나쁘지 않긴 해서, 관련해서 다른 회사들은 어떻게 하고 있는지 레퍼런스* 찾아보고 비교해보면 좋을 것 같고.

최대리: 넵, 추가로 리스트업* 해보겠습니다.

이부장: 김사원, 협업 제안 보낸 L 업체는 아직 회신 전인가?

김사원: 넵, 내부적으로 검토가 워킹데이* 기준으로 7일 정도 걸린다고 하시더라고요.

이부장: 반응은 어땠어?

김사원: 개런티*해 줄 수는 없다고 하셨지만, 긍정적 반응이셨습니다.

- **피드백(feedback)**: 진행된 자료, 보고에 대해 상사가 후배에게 또는 동료끼리 의견을 나누는 조언의 과정

- **베리(variation)**: 디자인 시안의 사이즈를 바꾸거나 특정 자료의 다채로운 사례들을 찾아 구성하는 것

- **디벨롭(develop)**: 피드백을 반영하여 이전 자료의 문제점을 수정 및 보완하는 것

- **홀딩(holding)**: 일시중지. 현재까지 진행된 사항을 취소하거나 없던 일로 하는 게 아니라, 잠시 정지시키고 앞으로 어떻게 진행할지 생각해 보는 단계

- **레퍼런스(reference)**: 참고할 만한 유사한 자료들

- **리스트업(list up)**: 어떤 항목들에 대해 찾은 자료들을 그룹화 및 목록화하여 정리하는 것

- **워킹데이(working day)**: 공식적으로 정해진 근무시간. 주로 평일 오전 9시부터 오후 6시. 예를 들어, 검토에 워킹데이 기준 7일이 소요된다면, 월요일~일요일 7일이 아니라, 월요일~다음 주 화요일(주말 제외)의 사실상 9일 소요

- **개런티(guarantee)**: 확실하게 보장해 주는 것

메일 용어

1) 작일/금일/명일, 익일

- **작일**: 어제
- **금일**: 오늘
- **명일 · 익일**: 내일

메일은 전화보다 공식적인 느낌이 있어서인지 유독 한자어를 쓸 때가 많아. 그중에서도 특히 많이 사용하는 단어 중 하나가 바로 작일 · 금일 · 명일(익일) 등 시점을 나타내는 용어야. 하지만 이런 한자어를 쓴다고 더 예의를 갖춘 표현인 건 아니므로 모두가 이해하기 쉽게 어제, 오늘, 내일로 쓰는 것을 추천해.

2) RE & FW

- RE(reply): 답장 · 회신
- FW(forward): 전달

받은 메일에 답장을 할 때는 새롭게 메일을 쓰지 않고, 해당 메일에 [답장]으로 회신하면 돼. 그러면 하나의 메일 스레드에서 여러 개의 관련 메일을 한꺼번에 볼 수 있어. 프로젝트가 다 끝나갈 때 메일 스레드를 쭉 훑어보면 어떤 흐름으로 이 프로젝트가 진행되어 왔는지 한눈에 파악할 수 있어. 막내로서 업무 과정에 대해 알고 싶을 때도 RE 메일 스레드를 눈여겨보면 좋아.

FW는 개인의 의견이나 별도의 붙임말 없이 단순히 전달할 때 사용해. 그래서 메일에 굳이 '포워딩 드립니다'라는 말도 꼭 쓸 필요는 없어.

3) CC/ BCC/ EOM

- CC(Carbon Copy): 참조
- BCC(Blind Carbon Copy): 숨은 참조
- EOM(End of Message): 제곧내(제목이 곧 내용)

CC는 같은 프로젝트를 진행하는 유관 관계자들을 함께 참조하는 것으로, 참조된 사람들이 일의 진행상황과 흐름을 알 수 있도록 하는 용도라고 볼 수 있어.

BCC는 내가 메일을 보낸 당사자에게 CC된 다른 사람을 숨겨야 할 때 사용해. 아웃룩에서는 단체 메일을 보낼 때 BCC로 보내면 다른 사람들의 메일 주소는 숨기면서 각 개인에게 보낸 것처럼 할 수 있어서 그렇게 사용하기도 하고.

EOM은 제목에 있는 내용이 곧 전부라는 뜻으로, 굳이 메일을 열어서 읽지 않고 제목만 확인하면 될 때 사용하는 표현이야.

4) TBD & ASAP

- TBD(To be determined): 미정(변동 가능성 있는 내용이나 일정)
- ASAP(As soon as possible): 가능한 한 빠르게

TBD는 예상은 하지만 정확하게 확정되지 않은 일정이나 업무에 대해 이야기할 때 사용해. 아직 모든 것이 명확하게 정해지지 않아서 그것을 위한 별도의 준비 시간, 과정이 필요할 때 TBD를 걸어두고 일을 시작해.

ASAP는 일명 '아삽'이라고도 일컫는 말로 가능하면 빠르게, 당장 처리해야 하는 일을 지칭할 때 사용하는 표현이야.

5) FYI/ RSVP

- FYI(For Your Information): 참고로
- RSVP(Répondez S'il Vous Plaît): 회신 요청

FYI는 상대방이 알고 있으면 좋을 정보를 알려줄 때 하는 말이야. 예를 들어, '참고로 내일부터 일주일간 나는 휴가야' 또는 '참고로 우리 예산은 1000만 원 제한이야' 등 비용이나 가격, 일정 등을 이야기할 때 많이 사용해.

RSVP는 무려 프랑스어 약어. 미팅 참석 또는 메일 회신 등 받는 사람에게 정확한 리액션을 요청할 때 사용해. 본인의 조직에서 굳이 이런 단어들을 사용하지 않는다면 심플하게 '회신 부탁드립니다'라는 우리말 표현을 사용하는 게 가장 좋다고 생각해.

6) 기타 영문 약어

- cf.(compare): 특정 수치, 정보 등과 비교하여

- e.g.(for example): 예를 들어

- etc.(et cetera): 기타 등등

- N/A(not applicable): 해당사항 없음

- p.s.(post script): 추신

- pls.(please): ～ 해달라는 정중한 요청

13

인쇄의 모든 것

막내로서 어떤 걸 가장 개선하고 싶었나 스스로를 돌아보면 사소한 것에서 출발할 때가 많더라고. 대단한 기획안을 완성하거나 아이디어를 구상하는 것도 중요하지만, 어느 문서에 잘못 들어간 오탈자 하나, 생각대로 깔끔하게 인쇄하지 못한 문서 한 부처럼 작은 부분에서의 스트레스가 만만치 않았거든.

이런 생각이 반복되면 회사생활에 부정적인 영향을 미쳐. 반대로, 아주 간단한 복사라도 깔끔하게 해내면 그날 하루가 정말 상쾌해질 수 있어. 이번 챕터는 빠르고 정확하게 문서 편집과 인쇄를 해서 시간을 절약하는 것은 물론 불필요한 감정 소모를 줄이는 데 도움이 되면 좋겠다는 마음으로 준비했어.

프로그램별 인쇄 방법

엑셀부터 파워포인트, 워드 등 직장생활에서 가장 많이 쓰이는 프로그램에 따른 다양한 인쇄 방법을 정리해 봤어. 필요한 부분만 체크해서 봐도 좋고, 전체적으로 훑어보면서 익숙해지는 것도 좋을 거야.

엑셀(EXCEL) 편집 및 인쇄 방법

예제 파일을 통해 여백 없이 꽉 차게 인쇄하는 법, 특정 부분만 선택하여 인쇄하는 법, 자료의 기준이 되는 정보를 포함하는 특정 행을 반복하여 인쇄하는 법, 데이터를 원하는 만큼 나누어 인쇄하는 법에 대해 알아보도록 할게.

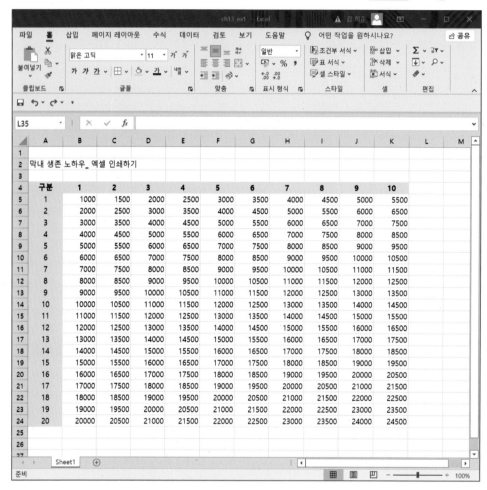

그림 13.1 엑셀 예제 파일

여백 없이 꽉 차게 인쇄하기

- **어떨 때 필요할까?**

  - 행 또는 열이 잘리지 않도록, 한눈에 정보를 파악할 수 있게 많은 양의 정보를 포함하고 있는 엑셀 자료를 인쇄할 때

  - 상사로부터 요약이 아닌 전체 데이터에 대한 자료를 요청받을 때

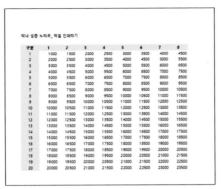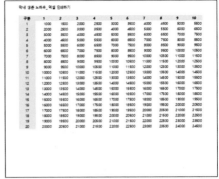

그림 13.2 [좌] 일반 인쇄 [우] 여백 없는 인쇄 예시

■ **방법**

1. ① [파일] 탭의 [인쇄](단축키 Ctrl + P)를 클릭한다. ② [설정]란 아래의 [보통 여백]을 선택한 후 [사용자 지정 여백]을 클릭한다.

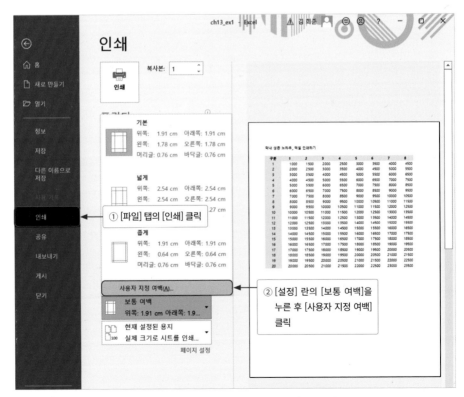

그림 13.3 [파일] 탭 → [인쇄] → [사용자 지정 여백] 설정하기

217

2. [페이지 설정] 창의 [여백] 탭을 클릭한 후 [왼쪽], [오른쪽] 등 모든 간격을 0으로 설정한다.

3. [페이지 설정] 창의 [페이지] 탭을 클릭한 후 [확대/축소 배율]을 약 69%~105% 사이에서 각자의 자료 형태에 따라 알맞게 조정한다.

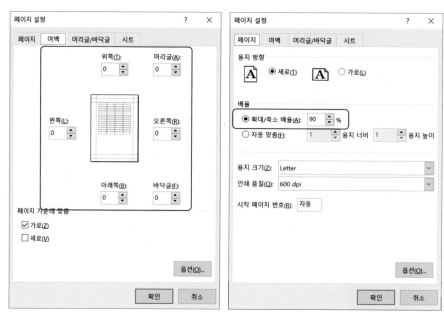

그림 13.4 [페이지 설정] 창에서 여백과 페이지 배율 설정하기

■ 참고

- 여백 설정: 난 개인적인 선호로 사방 여백을 0으로 설정하지만, 좌우에 어느 정도 여백을 두는 게 더 좋다고 생각할 수 있으니, 그 부분은 회사의 다른 문서들을 참고하면서 필요하다면 조정해도 좋아.

- 배율 설정: 대개 위와 같은 69%~105% 비율 안에서 미리 보기를 통해 여백 공간을 확인해서 줄여가면 쉽게 조정할 수 있어.

- 페이지 설정 단축키: 'Alt + P + S, P(S, P 두 글자는 순서대로 누르기)'로 간단히 확인할 수 있어. 하지만 인쇄 미리 보기를 통해서 시각적으로 확인하면서 정리하는 게 더 용이하기 때문에 '[파일] → [인쇄]'로 들어가 미리 보기 창을 켠 상태에서 정리하는 걸 추천해.

선택 영역 인쇄하기

■ 어떨 때 필요할까?

- 많은 양의 정보를 담고 있는 원본(raw) 데이터 중 원하는 영역만 선별적으로 인쇄할 때

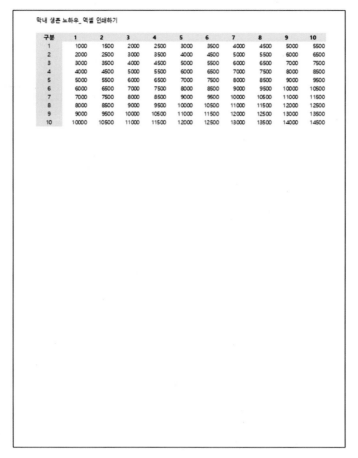

그림 13.5 선택 영역 인쇄 예시

■ 방법

- ① [페이지 레이아웃] 탭의 [인쇄 영역]을 선택한 후 [인쇄 영역 설정]을 클릭한다. ② 인쇄하고 싶은 부분을 마우스로 드래그하여 설정한다.

- 인쇄 미리보기로 간단하게 확인한 후 출력한다.

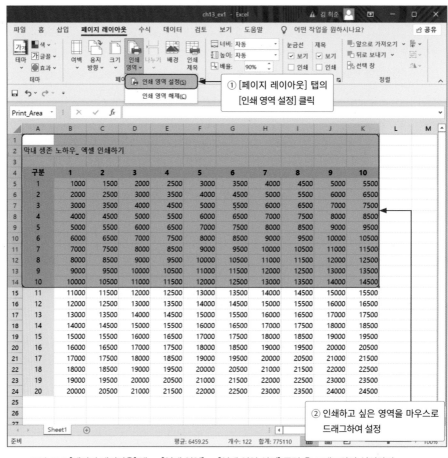

그림 13.6 [페이지 레이아웃] 탭 → [인쇄 영역] → [인쇄 영역 설정] 클릭 후 드래그하여 설정하기

특정 행 반복하여 인쇄하기

■ 어떨 때 필요할까?

• 여러 페이지를 인쇄하더라도 모든 페이지에 제목/목차 등 자료의 기준이 되는 정보를 포함해 인쇄할 때

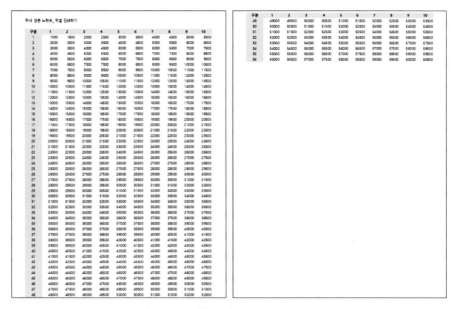

그림 13.7 특정 행을 반복한 자료 인쇄 예시

■ **방법**

1. ① [페이지 레이아웃] 탭의 [인쇄 제목]을 선택한다. ② [페이지 설정] 창의 [반복할 행]을 클릭한 후 원하는 행을 클릭한다.

2. 인쇄 미리보기로 간단하게 확인 후 출력한다.

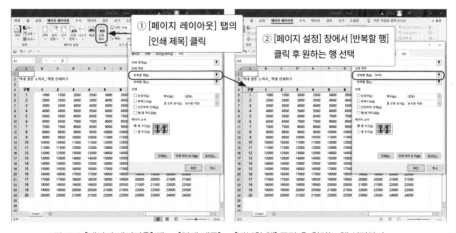

그림 13.8 [페이지 레이아웃] 탭 → [인쇄 제목] → [반복할 행] 클릭 후 원하는 행 설정하기

데이터 나누어 인쇄하기

- **어떨 때 필요할까?**

  - 인쇄 가능 영역에 관계없이, 원하는 부분을 임의로 나누어 인쇄할 때

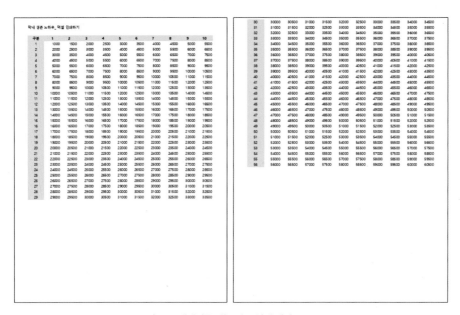

그림 13.9 데이터를 나눈 자료 인쇄 예시

- **방법**

  ① 나누고자 하는 행의 바로 아래쪽에 있는 행 또는 열을 선택한다. ② [페이지 레이아웃] 탭의 [나누기]를 누르고 [페이지 나누기 삽입]을 클릭한다.

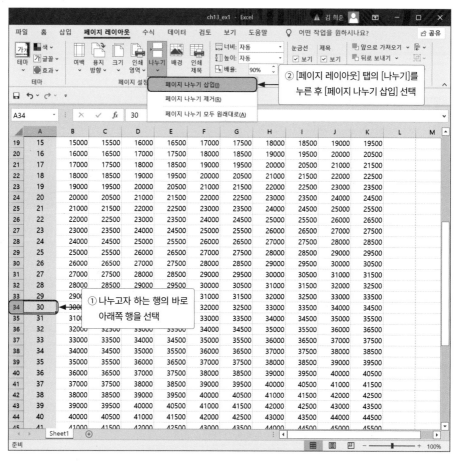

그림 13.10 [페이지 레이아웃] 탭 → [나누기] → 나누고자 하는 행 또는 열의 아래 셀 클릭
→ [페이지 나누기 삽입] 클릭하여 설정하기

파워포인트(PPT) 편집 및 인쇄 방법

예제 파일을 통해 한 면에 1페이지 또는 여러 페이지를 인쇄하고 싶을 때 여백 없이 꽉 차게 할 수 있는 방법을 알아볼게. 페이지 수가 많은 기획안 등의 자료에는 대개 한 면당 4페이지 정도씩 출력하는 편이라 이를 기준으로 정리했어.

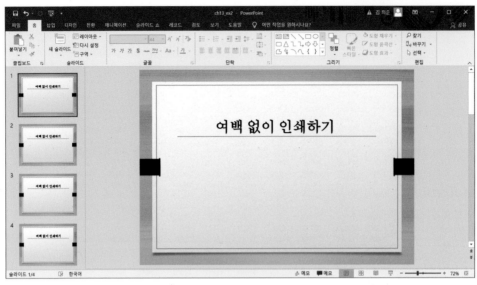

그림 13.11 파워포인트 예제 파일

여백 없이 꽉 차게 인쇄하기 (한 면에 1페이지)

- 어떨 때 필요할까?

  - 이미지 등 비주얼 및 디자인 요소가 중요한 자료를 인쇄할 때

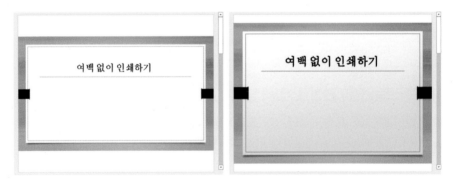

그림 13.12 [좌] 일반 인쇄 [우] 여백 없는 인쇄 예시

■ **방법**

1. [보기] 탭의 [슬라이드 노트 마스터]를 클릭한다.

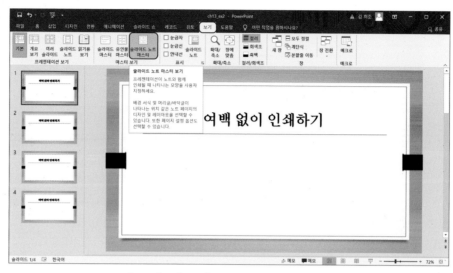

그림 13.13 [보기] 탭 → [슬라이드 노트 마스터] 클릭

2. ① [슬라이드 이미지]만 남기고 [머리글], [날짜], [바닥글], [페이지 번호] 등 필요 없는 부분의 체크 표
   시를 해제한다. ② [슬라이드 크기] 탭을 클릭한 후 [사용자 지정 슬라이드 크기]를 선택해 사이즈를
   [A4]로 변경한다.

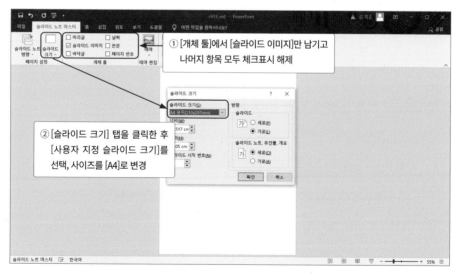

그림 13.14 불필요한 요소 체크 해제 → [슬라이드 크기]를 [A4] 사이즈로 설정하기

3. [최대화]와 [맞춤 확인] 가운데 [최대화]로 설정해 출력한다.

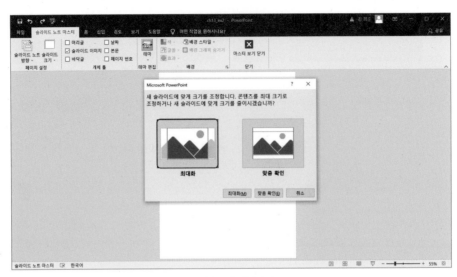

그림 13.15 [최대화] 설정하기

■ 참고

• 최대화와 맞춤 확인의 차이: 최대화는 슬라이드에 남는 여백 없이 꽉 차게 설정되지만 양옆이 살짝 잘릴 수 있고, 맞춤 확인은 슬라이드에 삽입된 이미지 그대로 보존되지만 위아래에 공백 생길 수 있어.

• 출력 문서가 단 페이지가 아닌 여러 페이지일 경우, 그리고 문서 내 텍스트와 이미지가 꽉 차 있을 때는 잘릴 우려가 있는 최대화보다는 맞춤 확인으로 진행하는 것이 좋고, 와이드 사이즈도 무리가 아니라면 굳이 A4로 바꾸지 않아도 되니 상황에 맞게 조절해서 진행하는 걸 추천해.

여백 없이 꽉 차게 인쇄하기 (한 면에 여러 페이지)

■ 어떨 때 필요할까?

• 기획안 등 페이지 수가 많은 PPT 자료를 모아 인쇄할 때

• 킥오프 회의 등 주로 많은 사람이 참석하는 미팅 시 참고 자료로 인쇄할 때

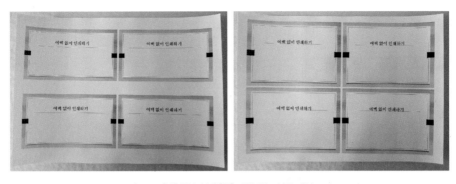

그림 13.16 [좌] 일반 인쇄 [우] 여백 없는 인쇄 예시

■ 방법

1. ① [파일] 탭의 [인쇄]를 클릭한 후 [프린터 속성]을 선택한다. ② [레이아웃] 탭에서 용지 방향 및 한 면에 인쇄할 페이지 수를 원하는 대로 설정하여 출력한다.

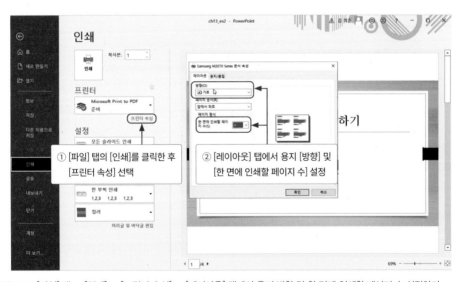

그림 13.17 [파일] 탭 → [인쇄] → [프린터 속성] → [레이아웃] 탭에서 용지 방향 및 한 면에 인쇄할 페이지 수 설정하기

- 이때 인쇄 미리 보기 화면엔 위처럼 변화 없이 한 면에 하나의 슬라이드가 그대로 표기되는데, 신경 쓰지 않고 속성 내에서 설정을 완료하여 확인했다면 그대로 인쇄하면 돼. 이때, 설정 아래에 있는 유인물/슬라이드 등을 부가적으로 누르면 여백 가득하게 인쇄되니까 누르지 않도록 하고, 많은 양이라 불안하다면 한 페이지만 출력되게 조정해서 확인한 후에 출력해도 좋아.

PDF로 파일로 변환하여 인쇄하기

- **어떨 때 필요할까?**

  - 1번과 2번의 방법대로 진행했는데도 오류가 나거나 여백 없이 출력이 잘 되지 않을 때

- **방법**

  1. [파일] 탭의 [다른 이름으로 저장]을 선택한 후 [파일 형식]을 PDF로 설정해 저장한다.

  2. 이후 PDF 상에서 여백 없이 인쇄를 진행한다.

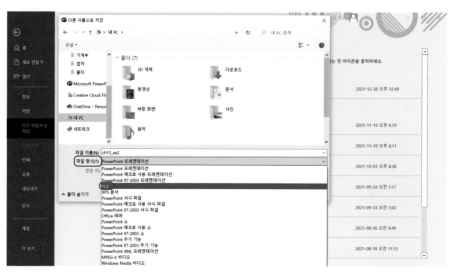

그림 13.18 파워포인트 파일을 PDF로 변환하여 저장하기

PDF 편집 및 인쇄 방법

예제 파일을 통해 PDF 상에서 여백 없이 꽉 차게 인쇄하는 방법과 ezPDF라는 플랫폼 툴을 활용해 간단한 편집 후 자료를 출력하는 방법을 알아보도록 할게.

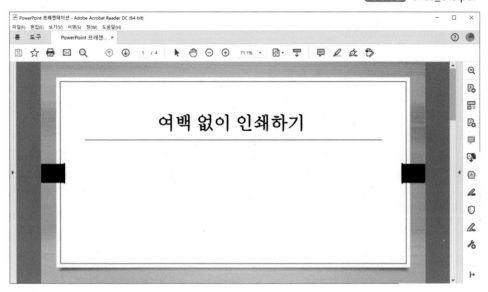

그림 13.19 PDF 예제 파일

여백 없이 꽉 차게 인쇄하기

- 어떨 때 필요할까?

  - 기획안 등 페이지 수가 많은 PDF 자료를 모아 인쇄할 때

  - 킥오프 회의 등 주로 많은 사람이 참석하는 미팅 시 참고 자료로 인쇄할 때

- 방법 1. 스스로 조정하여 인쇄하기

  1. ① 프린터 모양의 인쇄 아이콘을 클릭한다. ② [맞추기] 또는 [사용자 정의 비율]을 통해 원하는 만큼 자료의 영역을 설정한다.

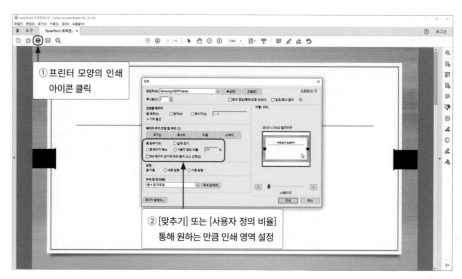

그림 13.20 인쇄 아이콘 클릭 → [맞추기] 또는 [사용자 정의 비율]로 원하는 여백 조정하기

2. ① 프린터 모양의 인쇄 아이콘을 클릭한다. ② [속성]을 선택한 후 [레이아웃] 탭에서 용지 방향 및 한 면에 인쇄할 페이지 수를 설정한다.

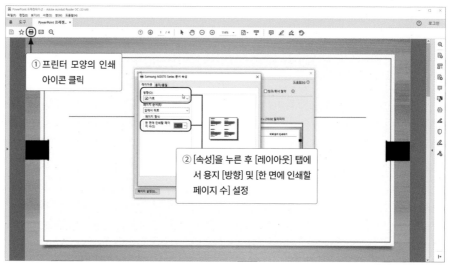

그림 13.21 [속성] 클릭 → [레이아웃] 탭에서 용지 방향 및 한 면에 인쇄할 페이지 수 설정하기

- 오른쪽의 미리 보기 이미지로 잘리는 부분 없는지 확인한 후 조정 가능하며, 숫자를 입력하고 엔터를 누르면 바로 인쇄가 진행될 수 있으므로 성급하게 엔터를 누르지 않도록 주의하자.

■ **방법 2. 다중 인쇄 활용하기**

1. ① 프린터 모양의 인쇄 아이콘을 클릭한다. ② [다중] 버튼을 선택한 후 [사용자 정의 설정]에서 한 면에 인쇄할 페이지 수를 설정한다.

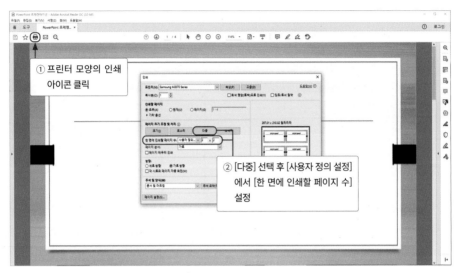

그림 13.22 인쇄 아이콘 클릭 → [다중] → [사용자 정의 설정]에서 한 면에 인쇄할 페이지 수 설정하기

· **사용자 정의 설정 예시**

1 X 2: 1열X2행 (한 페이지당 2면이 일렬로 인쇄되는 형태)

2 X 2: 2열X2행 (한 페이지당 4면이 2행, 2열로 인쇄되는 형태)

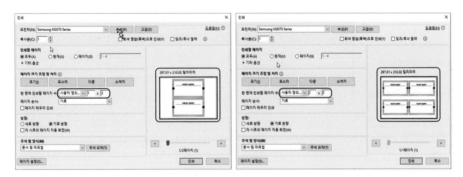

그림 13.23 [다중]의 [사용자 정의 설정] 시, 열과 행의 수에 따라 인쇄되는 형태 비교

PDF 문서를 다양하게 편집한 후 인쇄하기

- **방법 1. 문서 순서 변경하기**

    1. ezPDF 프로그램을 내려받아(https://www.ezpdf.co.kr) 실행한다. 편집하고자 하는 PDF 파일을 가져온 후 순서를 변경하고자 하는 특정 페이지를 마우스로 드래그하여 이동한다.

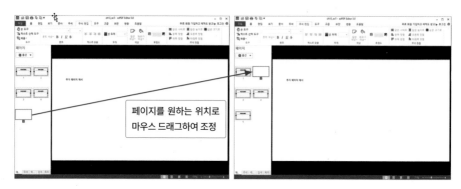

그림 13.24 ezPDF를 활용한 페이지 순서 변경 예시

- **방법 2. 특정 페이지 삭제하기**

    1. 편집하고자 하는 PDF 파일을 가져온 후 삭제하고자 하는 특정 페이지 위에서 마우스 오른쪽 버튼을 클릭 후 [페이지 삭제]를 선택하여 삭제한다.

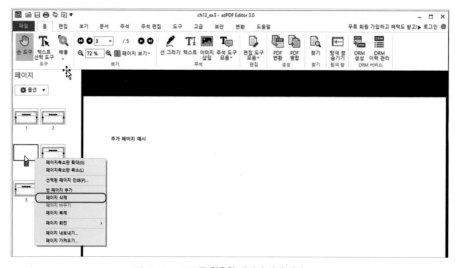

그림 13.25 ezPDF를 활용한 페이지 삭제 예시

■ 방법 3. 기타 편집하기

PPT만큼 자유롭지는 않지만 간단히 선을 추가하거나 텍스트를 입력하는 정도의 편집 도구를 통해 가능하니 필요할 경우 이용해보면 좋을 거야.

워드(WORD) 편집 및 인쇄 방법

예제 파일을 통해 워드 상에서 여백 없이 꽉 차게 인쇄하는 방법부터 가로와 세로가 혼합된 파일을 인쇄하는 법, 그리고 자료를 정리할 때 사용하는 라벨지를 출력하는 방법까지 알아볼게.

예제 파일 ch13_ex4.docx

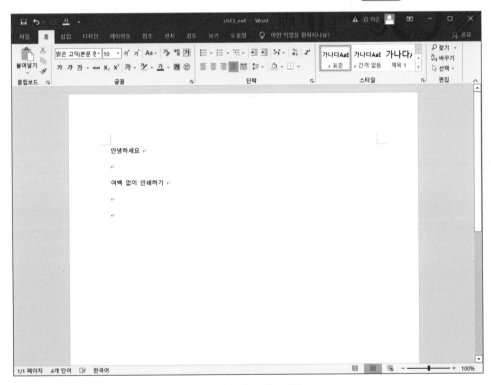

그림 13.26 워드 파일 예시

여백 없이 꽉 차게 인쇄하기

그림 13.27 [좌] 일반 인쇄 [우] 여백 없는 인쇄 예시

■ **방법**

1. ① [레이아웃] 탭의 [페이지 설정] 오른쪽 아래에 위치한 작은 화살표를 클릭한다. ② [여백] 탭에서 용지 방향 및 상하좌우 여백을 원하는 만큼 설정하여 인쇄한다.

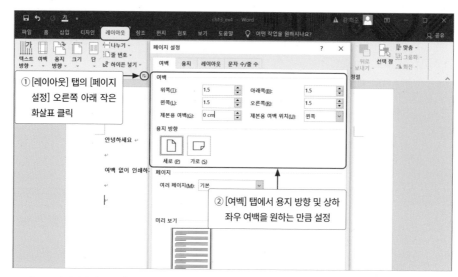

그림 13.28 [레이아웃] 탭 → [페이지 설정] 아래 작은 화살표 클릭 → 용지 방향 및 상하좌우 여백 설정하기

가로형 + 세로형 문서 병합 편집하여 인쇄하기

그림 13.29 가로형 + 세로형 문서 병합 편집 예시

- **방법**

1. ① [레이아웃] 탭의 [페이지 설정] 오른쪽 아래에 위치한 작은 화살표를 클릭한다. ② [용지 방향]에서 원하는 형태를 선택하고 ③ [적용 대상]에서 [현재 위치 다음부터]를 눌러 설정한다.

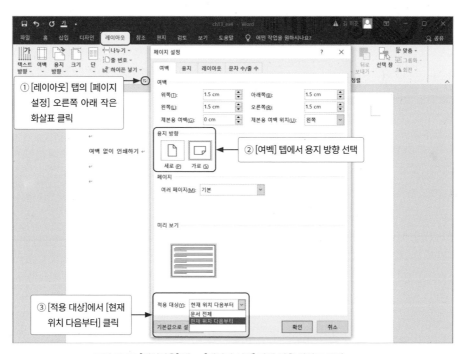

그림 13.30 [레이아웃] 탭 → [페이지 설정] 아래 작은 화살표 클릭
→ 용지 방향 및 적용 대상에서 원하는 스펙 대로 설정하기

- 다시 원래의 레이아웃으로 돌아오고 싶을 때는 다음 페이지에서 다시 '현재 위치 다음부터 설정'을 눌러 변경

라벨지 인쇄하기

- ■ 어떨 때 필요할까?

  - 정기적으로 업데이트가 필요한 회사 내부 문서를 라벨지[2]를 붙여 통일성 있게 정리해야 할 때

  - 내부 인원 외 많은 인사를 초청하는 등 규모가 큰 행사에 필요한 이름표, 순번표 등을 인쇄할 때

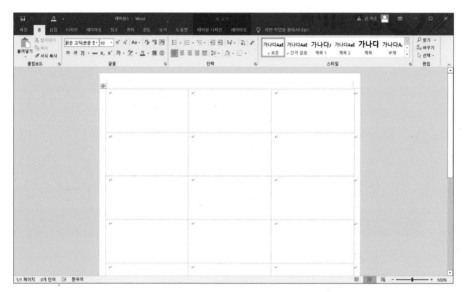

그림 13.31 라벨지 예시

---

2 라벨지: 일정한 규격으로 나뉘어 칼선 처리가 되어있는 스티커 형태의 종이

■ 방법

1. [편지] 탭의 [레이블]을 클릭한 후 [레이블] 탭에서 오른쪽 아래 [옵션] 버튼을 선택한다.

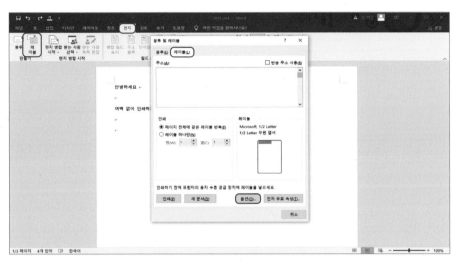

그림 13.32 [편지] 탭 → [레이블] → [레이블] 탭 하단 [옵션] 클릭

2. ① [레이블 제조 회사] 목록에서 사용할 라벨지를 만든 회사명을 선택한다. ② 해당하는 [제품 번호]를 찾아 클릭한 후 [새 레이블] 버튼을 누른다. ③ [레이블 정보]란의 표기된 설명을 간단히 확인한 후 [확인] 버튼을 누른다.

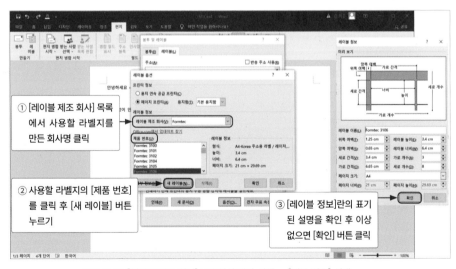

그림 13.33 [레이블 제조 회사] 목록에서 회사 선택 → [제품 번호] 선택
→ [새 레이블] 클릭 → [래이블 정보] 체크 후 [확인] 선택

3. (옵션 화면에서 벗어나서 기존 화면으로 돌아온 후) [새 문서]를 선택해 알맞은 [제품 번호]를 클릭한 후 [확인]을 누르면 다음과 같이 선택한 레이블 창이 새롭게 생성된다.

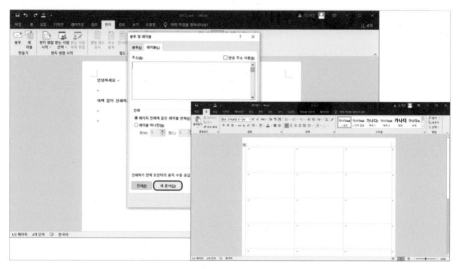

그림 13.34 새로운 레이블 창 생성 예시

인쇄소에서 인쇄하기

웬만한 문서는 회사에서 인쇄가 가능하지만 상황에 따라 인쇄소를 이용해야 하는 경우도 있어. 예를 들어, 시각적으로 중요한 이미지가 들어간 자료를 인쇄할 때 일반적인 용지 외 더 돋보이게 할 수 있는 고급 용지를 사용한 인쇄가 필요할 수 있어. 또한 마감일이 다 돼서 타이트하게 완성된 자료들을 인쇄소에 맡기면 더 빠르고 효율적으로 인쇄할 수 있지.

이처럼 시간적 여유가 부족하거나 용지의 재질이나 사이즈 등 내부에서 소화할 수 없는 고급 인쇄가 필요할 때 다음과 같은 사항을 참고해두면 좋아.

인쇄소 이용 전 체크리스트

출력할 문서 PDF 변환하기

출력할 문서는 가능하면 모두 PDF 파일로 변환한 다음 저장하여 인쇄소에 맡기는 걸 추천해. 인쇄소 컴퓨터엔 다채로운 폰트가 없을 가능성이 높기 때문에 폰트가 깨지고 이로 인해 문서 구성도 원본과 달리 어긋나 가독성이 떨어질 수 있기 때문이야. '나눔고딕 정도는 있겠지?' 하는 마음은 내려두고 PDF로 변환해서 변수를 줄이도록 하자.

나의 경우엔 인쇄소 컴퓨터에서 간단한 편집을 할 수 있도록 수정 가능한 원본 파일도 같이 USB에 넣어 챙겨가는 편이야.

메일로 파일 전송해 시간 절약하기

막내들은 뭐든 참 빨리 해야 하는 게 많아. 인쇄도 시간에 맞춰 빠르게 해야 할 때가 많지. 이런 경우엔 인쇄소에 전화를 걸어 메일 주소를 물어보고 미리 파일을 보내는 게 좋아. 미리 소요시간을 파악하여 인쇄가 마무리될 때쯤 방문하여 수령하면 시간을 절약할 수 있으니까. 파일과 함께 인쇄부수, 컬러/흑백 구분, 종이 재질 등 특이사항이 있을 경우 반드시 함께 전달해야 하고.

단, 출력하고자 하는 문서의 자료 보안이 중요할 수도 있기 때문에 선배에게 해당 파일을 인쇄소에 보내서 인쇄해도 괜찮을지 확인한 후 진행하자.

문서 인쇄 후 확인사항

이상 없이 출력됐는지 인쇄본 확인하기

가끔 출력된 인쇄를 확인하지도 않고 그대로 가져오는 막내들이 있어. 생각보다 잘못되는 경우도 꽤 있기 때문에 인쇄 후 잘린 부분은 없는지, 폰트가 깨지지 않았는지, 원본과 다르게 구성이 밀려 인쇄된 부분은 없는지 등 그 자리에서 확인이 필요해. 두 번 일하지 않도록 나를 위해서라도 시간이 조금 걸리더라도 조급하게 생각하지 않고 최대한 꼼꼼하게 체크하자.

인쇄소에서 할 수 있는 건 최대한 이용하기

특별히 요청하지 않는 한 인쇄소에서 부수별로 스테이플러 철을 해주거나 하지는 않아. 하지만 필요하다면, 특히나 부수가 많은 경우엔 인쇄소에 말해서 요청하자. 경우에 따라 비용이 들 수도 있는데 그렇게 크지 않을 것이고 그 역시 인쇄 비용의 한 부분이기 때문에 법인카드로 결제해도 문제없을 거야.

회사로 가져와서 일일이 분류하여 정리하는 작업까지 막내가 떠안아서 할 필요가 없으니, 맡겨도 되는 부분은 맡겨가면서 소중한 시간을 1분이라도 절약해보면 좋겠어.

인쇄소 컴퓨터 내 파일 꼼꼼하게 삭제하기
인쇄 후 어떤 자료도 남지 않도록 삭제하고 휴지통까지 꼼꼼하게 비우도록 하자. 아무리 간단한 문서라도 회사의 내부 문서를 외부에 노출하는 건 위험부담이 있기 때문에 이런 점도 항상 신경 쓰는 게 필요해.

기타 인쇄 TIP

복사기 그룹 복사 & 분류 복사 팁
이 기능은 컴퓨터에 저장되어 있는 파일을 인쇄하는 것이 아니라, 출력된 문서를 프린트기를 사용하여 복사할 때 알아두면 좋은 기능이야. 그룹 복사는 페이지별로, 분류 복사는 부수별로 출력되는 형태로 이해하면 편해.

- **그룹 복사**: 페이지별로 그루핑하여 복사되는 형태(예: 5페이지 그룹 복사 → 1페이지 5부, 2페이지 5부, …, 5페이지 5부)
- **분류 복사**: 복사 후 1부씩 분류되어 나오는 형태(예: 5페이지 분류 복사 → 1~5페이지 1부, 2부, …, 총 5부)

그림 13.35 그룹 복사 vs. 분류 복사의 차이

특별한 경우가 아니라면, 회의자료나 기획안 등 한 부에 많은 페이지를 포함하고 있는 문서는 일반적으로 '분류 복사'로 진행하는 게 용이해.

PDF, DOC, IMG, PPT 등 주요 파일 형식 상호 변환하기

서로 다른 형식의 파일을 변환하는 방법도 알아둘 필요가 있어. 예를 들어, PDF 파일은 수정이 불가한데 상황에 따라 반드시 수정해야 하는 경우도 있거든. 그럴 때 PDF를 수정 가능한 PPT 파일로 바꾸는 법을 알면 간편하게 업무를 진행할 수 있어.

다음에 소개할 두 사이트는 이미지, 워드 등 업무 시 사용하는 주요 파일들을 손쉽게 상호 변환해주는 서비스를 제공해. 즐겨찾기 해두고 활용하면 유용할 거야.

- 스몰피디에프(smallpdf): https://smallpdf.com

- 클라우드컨버트(cloudconver): https://cloudconver.com

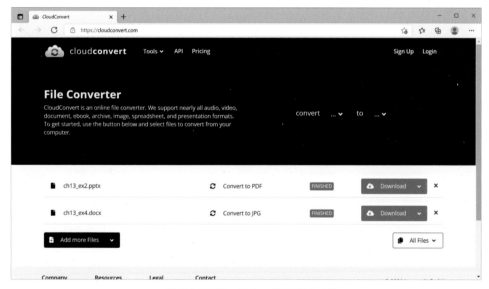

그림 13.36 클라우드컨버트 파일 변환 창 예시

대표적으로 위의 두 사이트를 꼽을 수 있어. 둘 중에 고르자면, 클라우드컨버트의 경우 위 이미지처럼 동시 다발적으로 파일 변환이 가능하기 때문에 훨씬 더 간편해서 추천해.

용지 규격 쉽게 익히기

- A3 〉 A4 〉 A5: 뒤의 숫자가 작을수록 큰 종이

- A4 〉 B5 〉 A5: 기본적으로 B가 A보다 큰 종이 규격, 그중 많이 사용하는 B5의 경우 A4와 A5의 사이 크기

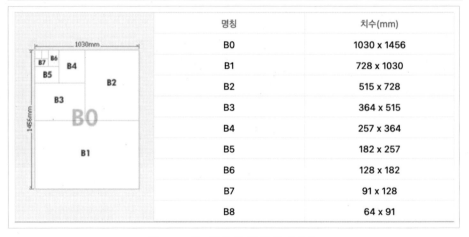

명칭	치수(mm)
A0	841 x 1189
A1	594 x 841
A2	420 x 594
A3	297 x 420
A4	210 x 297
A5	148 x 210
A6	105 x 148
A7	74 x 105
A8	52 x 74

명칭	치수(mm)
B0	1030 x 1456
B1	728 x 1030
B2	515 x 728
B3	364 x 515
B4	257 x 364
B5	182 x 257
B6	128 x 182
B7	91 x 128
B8	64 x 91

그림 13.37 A열, B열 용지 규격 (출처: 네이버)

매번 검색하면서 용지를 찾지 말고 쉽게 감각적으로 기억해두면 여러 문서를 정리하는 데 도움이 될 거야. 내가 가장 헷갈렸던 부분 중심으로 정리했으니 참고하도록 해.

14

폴더 정리의 모든 것

폴더 – 파일 트리 만들기

폴더 자료 관리하기

파일이 너무 많아 최종, 최최종, 진짜 최종의 늪에서 마지막 최종본이 무엇이었는지 한참을 찾았던 적 있어? 매일 바쁜 업무를 처리하다 보면 '파일 정리는 한 번에 몰아서 해야지'라며 미뤄둔 적 있을 거야. 하지만 이렇게 하다 보면 필요할 때 원하는 자료를 바로 찾기 어려워. 또한 일을 진행하면서도 파일이 중구난방으로 있으면 업무의 흐름이 한눈에 들어오지 않고 전체적으로 산만해질 가능성도 높아.

쌓여서 한 번에 하게 되는 최악의 일 중 하나가 바로 폴더 정리야. 평소에 5분이면 할 일인데 훨씬 많은 시간이 걸릴 수 있으니까. 그러니까 프로젝트가 끝나는 시점이든 일이 진행되는 시점이든 본인이 설정한 주기에 맞춰 미루지 않고 정리하는 습관을 가지도록 하자.

이번 챕터는 컴퓨터 내 파일과 폴더를 규칙적이고 깔끔하게 정리하는 방법에 관한 내용이야. 간단하지만 지금 당장 적용 가능하기 때문에 전반적인 업무 환경을 개선하는 데 도움이 될 거야.

폴더 - 파일 트리 만들기

폴더-파일 트리(tree)는 폴더와 파일의 소속 계층 구조를 나타내는데, 심플하고 명확하게 파일을 관리하는 게 목적이야. 지나간 파일들은 앞으로 계속 참고해야 할 훌륭한 자료이기 때문에 언제든 쉽게 확인할 수 있도록 관리해야 해. 본인만의 규칙을 정하고 그에 따라 정리해야 필요한 자료를 가장 빠르게 찾을 수 있어.

폴더 분류 규칙 만들기

가장 먼저 각자의 업무 흐름에 따라 적합한 폴더 분류 체계를 세워야 해. 특별히 업무상 다른 점이 있지 않다면 대개 다음 정도의 구성으로 폴더를 정리하면 좋아.

'연도별 → 프로젝트별 → 각 프로젝트 업무 카테고리 분류별
→ 카테고리 내 업무 진행 순서 및 세부사항에 따라 정리'

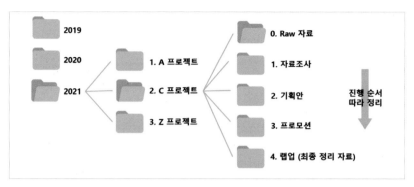

그림 14.1 폴더-파일 트리 예시

처음부터 완벽하게 하기보다 최소 2~3번의 프로젝트를 경험하면서 폴더 정리를 반복해 보자. 본인만의 규칙을 정하면 '문서 작성 후 폴더를 만들어 넣는 것'이 아니라 '폴더를 먼저 만든 후 관련된 폴더에 문서를 넣는 것'의 순서로 파일을 정리하면 편해. 이렇게 순서를 바꾸면 '지금은 이 단계의 일을 하고 있구나'라는 게 한눈에 보이고, 혹은 '다른 프로젝트의 이 단계에서는 어떻게 했었지?' 하면서 체계적으로 일을 파악하고 진행하는 데 도움이 돼.

규칙적인 파일명 유지하기

파일명에 시간과 버전 적기

파일명 또한 규칙을 정해 작성하는 게 좋아. 그래야 파일을 잘못 전달하는 실수를 줄이고 원하는 파일을 바로 찾아 확인하는 데 도움이 되거든. 또한 시간의 흐름, 버전의 발전 단계를 보면서 막내로서 전체적인 업무의 흐름, 페이퍼의 완성 과정 등을 리뷰하며 감을 익히는 데도 도움이 될 수 있어.

"날짜(연도-월일)_프로젝트명_업무구분_버전_작성자"

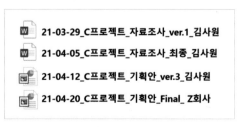

그림 14.2 일관성 있는 파일명 예시

날짜는 연도까지 반영하고 월－일은 내부 보고자료일 경우 제출일 기준, 외부 전달 자료는 전달일 기준으로 정리하면 일정 관리에도 도움이 돼.

최종 파일의 경우 스스로 완성한 버전과 팀 차원에서 상사 등의 관리자가 완성한 버전 두 가지가 다르다면 작성자를 다르게 하여 각각 저장해두는 게 좋아. 어떤 점이 보완됐는지, 앞으로 진행할 때 어떻게 하면 좋을지 검토해볼 수 있는 좋은 참고 자료가 될 수 있거든.

진짜 최종 파일명 정하기

진짜 최종 파일을 찾는 늪에 빠지지 않으려면 최종 파일을 정리해두는 규칙도 정해두는 게 좋아. 내 규칙을 예시로 설명해볼게.

그림 14.3 헷갈리지 않는 최종 파일명 표기 예시

- **나의 1차 완성본**: 날짜_프로젝트명_업무구분_최종_이름(김사원)

- **피드백 후 수정 최종본**: 날짜_프로젝트명_업무구분_Fin_이름(김사원)

- **내 손을 떠나 팀 차원에서 완성된 최종본**: 날짜_프로젝트명_업무구분_Final_회사명(Z회사)

나의 경우 내 선에서 완성한 최종 파일은 '최종'이라고 적고, 피드백을 받아 정리한 최종 파일은 영어 'Fin'과 'Final'로 구분하여 정리하고 있어. 그중 'Fin'은 피드백을 받아 내가 다시 수정한 최종본을 표기하고, 축약하지 않은 'Final'로 팀 차원에서 정리된 최종 파일을 구분해. 물론, 이건 나의 경우이므로 각자에게 편한 더 직관적인 이름으로 규칙을 설정해도 좋아.

이런 식으로 자신만의 규칙으로 파일명을 정리하고, 최종 파일이 아닌 파일의 경우엔 '최종', 'Fin', 'Final'의 단어를 일절 쓰지 않으면 추후 파일을 다시 찾을 때도 용이해. 예를 들어 상사가 최종본을 찾으면 'Final'로 검색하면 되고, 스스로 다른 부분에 참고하고자 최종본을 찾을 땐 '최종'이나 'Fin'으로 검색하면 되니까.

파일명에는 띄어쓰기 대신 언더바 사용하기

파일명에서는 띄어쓰기를 무시하는 게 좋아. 공백이 생기면 검색 시 시간이 많이 걸리고 오류 가능성도 높기 때문이야. 그래서 공백의 구분은 띄어쓰기보다 '언더바(_)'로 표기하고, 언더바 사이에 들어가는 단어들은 의미에 관계없이 이어서 쓰는 걸 추천해. 작지만 이런 작은 변화들이 업무 환경을 개선하는 데 큰 도움이 될 수 있으니 지금부터라도 본인만의 규칙을 파일명에 반영해 보자.

애매한 업무에 관한 파일은 별도 관리하기

일을 하다 보면 정해놓은 폴더 구분에 속하지 않는 업무들이 생길 수 있어. 그럴 땐 다음과 같이 정리하면 좋아.

그림 14.4 애매한 업무에 관한 파일의 별도 구분 예시

- **임시 폴더**: 지금 당장 필요하지는 않지만 어디에 넣어야 할지 애매한 파일들을 임시 폴더에 분류하고 필요에 따라 맞춰서 다른 폴더로 이동

- **진행중 폴더**: 현재 작업 중인 파일이지만 당장 알맞은 폴더가 없거나 수정이 많이 될 것으로 예상되는 중간 작업용 문서 저장 폴더. 작업이 마무리되면 반드시 알맞은 폴더에 옮겨 깨끗이 유지할 것

- **베이직/회사 폴더**: 정산서, 휴가계 등 특정 프로젝트에 속하지 않지만 회사에서 필요한 기본 자료를 모아두는 폴더

폴더 자료 관리하기

자료를 만드는 것뿐만 아니라 관리하는 것도 중요한 업무 중 하나야. 제대로 정리하지 않으면 쉽게 찾기 어렵거나 중요한 자료를 삭제해 버리는 실수를 할 수도 있으니까. 처음부터 나의 스타일에 맞게 잘 정리해두면 별도로 시간을 내서 정리할 필요도 없으니 막내 때부터

자신만의 폴더 관리법을 만들어 보길 추천해. 이제부터 내가 사용했던 효율적이었던 툴과 방법을 공유할게.

니미 플레이스(nimi place)로 관리하기

니미 플레이스(http://mynimi.net/)는 바탕화면 아이콘을 마치 휴대폰 어플처럼 관리해주는 시스템이야. 바탕화면을 깔끔하게 유지하면서도 시각적으로 한눈에 원하는 자료를 쉽게 찾는 데 도움이 돼. 각 박스의 크기와 위치, 이름을 자유롭게 정할 수 있다는 장점이 있어.

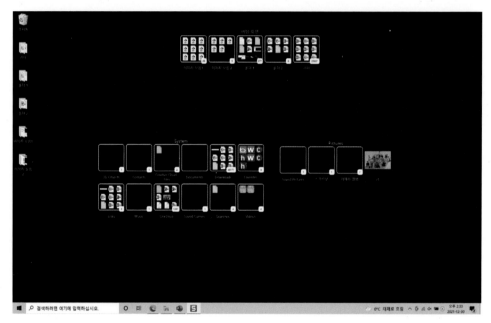

그림 14.5 니미 플레이스를 통한 파일–폴더 정리 예시

활용 방법

1. 니미 플레이스 사이트에서 파일을 내려받는다. 설치 후 다음과 같은 창이 뜨면 원하는 레이아웃을 선택한다.

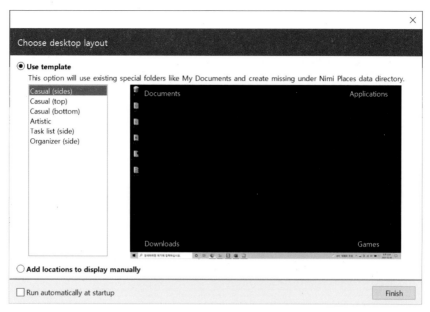

그림 14.6 니미 플레이스 템플릿 설정 화면

- template은 정해져 있는 템플릿을 사용하는 것이고, display manually는 자유롭게 설정하는 형태야. 가장 일반적인 형태인 [Casual (sides)]로 시작하길 추천해.

- 윈도우 시작 시 니미 플레이스를 바로 실행하고 싶다면 가장 아래 [시작 시 자동으로 실행(Run automatically at startup)]을 체크하면 돼.

2. ① 설치 후 바탕화면 알림 영역에서 [니미 플레이스] 아이콘을 클릭한다. ② 마우스 오른쪽 버튼 혹은 플러스(+) 버튼을 클릭한 후 [Place] 클릭하여 폴더를 선택한다(원하는 만큼 반복해서 추가 가능).

그림 14.7 니미 플레이스 폴더 추가 화면

249

참고

- **폴더 카테고리명 변경**: 박스 제목 부분에서 마우스 오른쪽 버튼을 클릭한 후 원하는 텍스트를 입력해 변경
- **위치 조정**: 박스 제목 부분을 마우스로 드래그하여 원하는 곳으로 이동
- **사이즈 조정**: 박스 모서리 부분에 마우스를 위치시키면 나오는 화살표 모양에 따라 늘리고 줄여가며 조정

개인 외장하드로 관리하기

모든 문서를 작성할 때 중간 저장을 계속 하는 것처럼 파일과 폴더 관리도 꾸준하게 해야해. 나의 의지와 상관없이 오류로 인해 파일이 날아갈 수도 있고, 무심코 삭제해버릴 가능성도 완전히 배제하긴 어렵거든. 직장생활, 특히 막내에게는 확인의 확인의 확인을 할수록 좋으니까!

회사에서 사용하는 공용 외장하드와 별개로 개인 외장하드를 하나 구매해. 용량은 1테라바이트 이상으로 기종은 크게 상관없어. 프로젝트별로 완료된 파일을 백업해 두자. 중요하지 않은 자료들은 제외하고 프로젝트별로 완료된 자료와 지금 하고 있는 가장 중요한 업무에 관련된 자료만 넣어둬. 이는 개인의 포트폴리오를 정리하는 데도 많은 도움이 될 수 있어.

휴지통도 함부로 지우지 않기

휴지통은 컴퓨터의 용량을 줄이고 싶을 때 비우는 게 아니야. 휴지통 비우기는 오직 하나의 프로젝트가 완전히 끝났을 때 진행해. 실수로 버리거나 또는 시간이 지난 후 필요한 자료가 있을 수도 있기 때문에 프로젝트가 진행 중일 땐 휴지통에 파일을 버리긴 해도 비우지 않는 게 좋아.